Baudouin et Fabiola

Du même auteur

Spiritualité

L'aventure du mariage chrétien, Préface de Xavier Lacroix, Éditions du Cerf, 2002. En collaboration avec Bernard Chovelon.

Le mariage une alliance plus forte que la mort, Édition du Cerf, 2011.

Le couple c'est l'amour, Guide pour réussir la vie à deux, Éditions du Cerf, 2014. En collaboration avec Paul-Dominique Marcovits, o.p.

Élisabeth et Félix Leseur, Itinéraire spirituel d'un couple, Éditions Artège, 2015.

Biographies en collaboration avec Bernard Chovelon

Doudart de Lagrée, marin, diplomate, explorateur, Presses universitaires de Grenoble, 1997, Prix de la Recherche universitaire 1998.

Henri Mouhot, Du pays des Éléphants blancs aux temples d'Angkor, Éditions Maisonneuve,2001.

Bruckberger, l'enfant terrible, Éditions du Cerf, 2011.

Biographies

Sarah Bernhard, Éditions Martinsart, Femmes et Arts, 1982.

George Sand et Solange, mère et fille, Éditions Christian Pirot, 1994.

La Chartreuse de Valldemossa, George Sand et Chopin à Majorque, Payot. Rivages, 1999.

Dans Venise la Rouge, George Sand et Musset à Venise, Payot, 1999, Prix SCAM. 2000.

Théâtre

Un hiver à Valldemossa, George SAND, Frédéric Chopin + CD, 1999, Éditions Lire Autrement.

Les Amants de Venise + CD, 2000, id.

La Vagabonde et la Folle de Chaillot, *Colette et Marguerite Moreno* + Cd, 2000, id.

Passions orientales, Escales littéraires, Pierre Loti, CD, 2004, id.

Victor Hugo, Juliette Drouet, Une vie de génie et d'amour + CD, 2005, id.

Autour de la Note Bleue, Frédéric Chopin + CD. 2006. id.

Bernadette Chovelon

BAUDOUIN ET FABIOLA

L'itinéraire spirituel d'un couple

ARTÈGE

Éditions Artège
10, rue Mercœur - 75011 Paris
9, espace Méditerranée - 66000 Perpignan

www.editionsartege.fr.

ISBN : 979-10-3360-757-1
EAN Epub : 9791033607762

Avant-propos

De nombreux historiens ont publié des ouvrages sur l'histoire de la Belgique de 1930 à 1994, et en particulier pendant la seconde guerre mondiale. Il ne s'agissait donc pas pour moi d'y ajouter une autre publication.

Ce livre ne se veut en aucune manière une histoire de la Belgique sous le règne de Baudouin Ier. Son but n'est pas non plus d'écrire une biographie exhaustive du roi Baudouin et de son épouse. Une brève présentation de l'enfance et de la jeunesse de l'un et l'autre au cœur de la seconde guerre mondiale, précédera simplement l'histoire de leur rencontre. L'objet de mon travail est surtout de retracer l'itinéraire spirituel d'un couple. Un couple qui a mis Dieu dans sa vie, un couple qui a vécu l'Évangile dans son quotidien.

Chaque couple a son histoire, son histoire sainte. C'est au cœur d'une histoire sainte exceptionnelle que nous les suivrons. Certes, ce couple appartient à l'Histoire puisque Baudouin et Fabiola ont été roi et reine de Belgique de 1951 à 1993, soit plus de quarante ans. Leur itinéraire personnel et humain se trouve donc la plupart du temps intimement lié aux événements de leur pays, ces événements souvent difficiles, qu'ils ont vécus en chrétiens.

Les épisodes historiques évoqués seront seulement ceux qui, de près ou de loin, ont touché à leurs vies personnelles, à leur vie de couple. Ce sont des témoignages humains précieux. Dans l'intimité de leur amour, et dans la traversée de beaucoup de souffrances, ils ont vécu à deux une vie spirituelle très riche qu'on ne peut pas laisser sous le boisseau tant elle rayonne encore et peut aider d'autres couples.

Toute leur vie, ils ont été des chercheurs de Dieu. Le souci d'aimer et d'aider les autres au nom de l'Évangile, de les écouter dans toutes leurs souffrances, a été pour eux une préoccupation constante et efficace. Il fallait en témoigner.

Quelle grâce pour moi d'avoir pu pendant quelques mois suivre ce couple dans son cheminement humain et dans son amour ouvert à tous ceux que la vie leur a permis de rencontrer : chefs d'État, rois, princes, déshérités de la vie, population en souffrance.

Quelle grâce aussi d'avoir pu les suivre tous deux sur la route d'une Église en marche, rajeunie et dynamisée par le concile Vatican II, le Renouveau charismatique, la spiritualité conjugale, la lecture de l'Évangile au quotidien.

Quelle grâce enfin d'avoir pu pénétrer par leurs écrits dans l'intimité de leur vie spirituelle tellement riche, et de pouvoir par ce livre la transmettre à tous ceux qui ont besoin de stimulants pour se rapprocher de Dieu.

Certes, Baudouin et Fabiola sont réunis maintenant dans la gloire du Seigneur. Ils n'ont pas pu avoir les enfants qu'ils auraient souhaités mais leur héritage demeure ; et c'est cet héritage de prière et d'amour donné au nom de leur foi que ce livre souhaite transmettre.

Après avoir écrit en collaboration avec Bernard Chovelon, mon mari, *L'aventure du mariage chrétien*[1] dans le but de faire connaître la richesse et la joie de la spiritualité conjugale à de nombreux couples, puis *Une Alliance plus forte que la mort, le mariage*[2], *Le couple c'est l'amour*[3], et plus récemment *Élisabeth et Félix Leseur, itinéraire spirituel d'un couple*[4], témoignant qu'un amour vécu en Dieu pouvait abattre les montagnes les plus infranchissables, je propose donc aujourd'hui l'histoire spirituelle de Baudouin et Fabiola, un homme et une femme, roi et reine de Belgique, mais aussi un couple aimant, désormais uni pour l'éternité par une Alliance éternelle dans l'amour du Seigneur.

Bernadette Chovelon

1. Éditions du Cerf, 2002.
2. Éditions du Cerf, 2011.
3. En collaboration avec P.D. Marcovits, Cerf, 2014.
4. Éditions Artège, 2015.

Chapitre 1

Une enfance marquée par des chocs affectifs

Le 7 septembre 1930, le peuple belge est en liesse. Cent un coups de canon et des carillons joyeux au sommet de tous les beffrois et de tous les clochers annoncent à la population la naissance tant attendue d'un prince héritier, au château de Stuyvenberg, propriété royale où réside le jeune couple de ses parents.

Dernier né d'une illustre famille, Baudouin reçoit en supplément six prénoms de ses ancêtres : Albert, celui de son grand-père, puis Charles, Léopold, Axel, Marie, Gustave, descendance royale oblige ! Il s'insère dans une longue tradition.

Le palais royal de Laeken où résident ses grands-parents, le roi Albert Ier et son épouse la reine Élisabeth, une violoniste de haut vol, se trouve à deux kilomètres seulement. La proximité facilite les rencontres familiales.

Son grand-père, Albert Ier, a été choisi comme parrain. Quand il se penche sur le berceau de cet enfant, il le regarde avec émotion et fierté : « L'avenir de notre dynastie est maintenant assuré. Cet enfant, mon premier petit-fils, fils du duc de Brabant, comte de Hainaut sera un jour le roi des Belges ! Ce sera une lourde tâche. Mais je suis là. Moi son grand-père je l'initierai à ses responsabilités futures dès son plus jeune âge. Et dès qu'il aura une bonne endurance je l'initierai aux courses en montagne. Il sera plus tard mon compagnon de cordée. »

En effet Albert Ier est un sportif reconnu. Il a escaladé les Aiguilles de Chamonix, les Drus dans le massif du Mont-Blanc, atteint des sommets réputés difficiles dans les Dolomites, dans le Cervin, au Tyrol. Il pratique la varappe en haute montagne. C'est un alpiniste expérimenté, un homme fort qui sait faire face à toutes les difficultés. Quand on parle à Baudouin de ses exploits et des dangers qu'il a affrontés, encordé le long de parois abruptes, son petit-fils, malgré son jeune âge, est rempli d'admiration.

Les parents de Baudouin, Léopold et Astrid, duc et duchesse de Brabant, ont déjà une petite fille de trois ans, Joséphine-Charlotte[1].

La princesse Astrid, sa maman, née en 1905, est suédoise. Ses parents, Carl de Suède et Ingeborg de Danemark sont princes cadets de Suède.

Astrid a passé le début de son enfance avec ses quatre frères et sœurs près du superbe palais royal de Stockholm. Toute petite, on a su lui faire admirer l'exubérance de cette célèbre façade baroque du XVIIIe siècle, fierté des Suédois. Demeure historique, certes, mais demeure qui

1. Par son mariage en 1953, elle deviendra Grande Duchesse du Luxembourg.

a su concilier avec l'Histoire tous les apports du confort moderne.

Une enfance facile, avec des parents aimants, attentifs à leurs enfants. Sans doute le mariage d'Astrid avec Léopold, le fils aîné du roi des Belges, a-t-il été une union de convenances, mais la jeune femme n'a eu aucune peine à devenir amoureuse de ce grand et beau garçon, sportif, à la dépense facile, fasciné par les techniques nouvelles que sa génération découvrait.

C'est un bel homme qui se sait séduisant avec son épaisse chevelure blonde ondulée et son grand sourire. Mais il se sent faible. Il s'appuiera beaucoup sur Astrid. Certes, il sera un jour roi des Belges avec tout le sérieux et les responsabilités que cela implique, mais pour l'instant tous deux veulent profiter de leur facilité de vie, de leur jeunesse un peu insouciante et de leur liberté.

Spontanée et peu protocolaire, Astrid n'hésite pas lors des photos officielles à prendre amoureusement la main de son époux, ou à l'embrasser en public, ce qui très vite plaît au peuple belge auprès de qui elle jouit d'une grande popularité.

Astrid est une femme belle, toujours élégante et souriante, sportive, dynamique et joyeuse. Très intelligente, elle a voulu apprendre rapidement les langues de son mari, le néerlandais et le français, pour être plus proche de lui.

De famille protestante, elle a voulu s'instruire des éléments importants de la religion catholique pour mieux comprendre les croyances de son mari et de la famille royale belge. Elle s'est résolument tournée vers la connaissance de cette foi.

C'est une maman affectueuse, gaie, toujours pleine de projets et de tendresse pour ses enfants. Avant son mariage, elle a suivi des cours de puériculture pour apprendre à soigner parfaitement sa future progéniture. Se voulant une mère accessible au peuple et surtout une maman comme toutes les autres, elle n'hésitera pas à se promener avec son landau dans les avenues de Bruxelles et à entamer une conversation avec ceux qui se penchent pour regarder son bébé.

Elle sait que Baudouin un jour sera roi. Dès son plus jeune âge elle tient à le préparer à ses futures responsabilités. Il n'a que trois ans lorsqu'elle lui fait assumer son premier rôle officiel. Il comprend déjà qu'il sera appelé plus tard à des fonctions de prestige.

Lors du lancement du navire militaire *Prince Baudouin*, on l'habille en marin. Il est très fier de se voir confier l'honneur de couper le filin devant ses parents et face à toute la foule qui a les yeux rivés sur lui. Il est médusé et émerveillé quand il découvre que c'est lui seul qui permet au grand bateau de glisser vers la haute mer ! Les applaudissements des cinq cents invités le remplissent de fierté.

Les parents de Baudouin, Léopold et Astrid, forment un couple moderne. Ils aiment les voyages, les sorties, les fêtes. Ils n'hésitent pas à partir plusieurs mois en laissant leurs enfants aux mains de leurs nurses. Léopold est fier de sa jolie jeune femme. Ils sont très amoureux.

Pour les vacances ils se rendent régulièrement au palais royal de Suède chez les parents d'Astrid. Les enfants aiment revoir leurs grands-parents qui s'ingénient à se rendre plus proches et à leur apprendre le suédois.

L'été, le rendez-vous familial est fixé chaque année à la villa Fridhem, au bord de la Baltique, la somptueuse « Maison de la Paix » que les parents d'Astrid, Carl et Ingeborg, ont fait construire pour leur famille.

Ce nom « Maison de la Paix » choisi par le couple royal est un message fort d'union et d'entente qu'ils ont décidé de laisser à leurs enfants. Tous les cousins s'y retrouvent pendant deux mois et ce sont des jeux et des rires ininterrompus sous le regard bienveillant des grands-parents, des oncles et tantes qui participent facilement aux jeux des enfants pour rassembler une famille unie et heureuse.

Premier choc affectif

Le 17 février 1934, alors que le petit Baudouin n'a pas encore quatre ans, un grand émoi dans le palais royal lui fait comprendre qu'un événement extraordinaire et bouleversant vient de survenir dans sa famille. On ne lui dit rien de clair.

Peu à peu il comprend que son grand-père, le roi Albert Ier, est mort. Et que cette mort est due à un accident de montagne survenu la veille. Ce jour-là, Albert Ier était parti, selon son habitude, faire de l'escalade à Marche-les-Dames non loin de Namur, sur les falaises qui dominent la Meuse. Il était seul, ce qui lui arrivait souvent car il aimait ces escalades en solitaire. Il aimait surtout la liberté de partir quand il en avait envie, avec ses cordes d'escalade, ses souliers, ses crochets et ses piolets bien rangés à l'arrière de sa voiture.

Quelques heures plus tard, des promeneurs découvrent un corps complètement fracassé au bas de la falaise. Les premiers arrivés se précipitent…

« Ce pauvre malheureux est tellement défiguré que son identification sera difficile…

« Mais… Il a l'air de ressembler au roi ? … Ce n'est pas possible !… Regardez.

« Des lunettes sont accrochées dans le buisson... Il y a peut-être des initiales.

« Sans aucun doute, ce sont bien les lunettes du roi... on les reconnaît. »

Ces premiers témoins n'en reviennent pas.

L'alerte est rapidement donnée. La nouvelle se répand dans tout le pays comme une traînée de poudre. Il n'y a eu aucun témoin pour relater l'événement. Personne n'a pu le voir au moment où il a dévissé sur cette paroi de plus de 80 mètres. Toutes les hypothèses sont envisagées. Meurtre ? Suicide ? Accident d'escalade ? On ne saura jamais. Un dérapage le long de la falaise est officiellement retenu. Albert Ier avait 59 ans.

Le bouleversement est immense non seulement dans l'entourage du roi mais dans toute la Belgique où il était aimé et admiré. Une catastrophe nationale portée par tout un peuple.

Comment ce petit Baudouin qui aimait tant ce grand-père si proche, son héros, peut-il vivre un tel drame ? Comment un enfant de quatre ans peut-il comprendre la mort, le « jamais plus », sinon par les larmes de son entourage, par la vue de sa mère toute vêtue de noir, drapée dans de longs voiles qu'il ne lui connaissait pas, par les conversations à voix basse autour de lui ?

Dans le palais royal de Laeken, c'est une émotion qu'il comprend à peine mais qu'il partage. Il voit sa grand-mère, la reine Élisabeth, en grand chagrin alors qu'elle est toujours si souriante. Il écoute parler ses parents qui échangent à voix basse.

En tant que petit-fils mais surtout prince héritier, il est dans l'obligation de se tenir au premier rang pour la messe des funérailles de son grand-père. Il ne comprend pas cette interminable cérémonie où drapeaux en berne et balcons crêpés de noir le surprennent, où des inconnus l'embrassent ou lui serrent la main. On l'a habillé en blanc des pieds à la tête et on lui a mis un brassard noir. La messe solennelle lui paraît infiniment longue. Il se lève, s'impatiente, a envie de sortir, bouge à tel point que sa mère doit le prendre sur ses genoux.

Il comprend vaguement que son père Léopold sera désormais le roi des Belges sous le nom de Léopold III, donc que pour lui rien ne sera plus comme avant. Pour un enfant de son âge, le mot « roi » ne signifie pas grand-chose.

Baudouin saisit tout de même un peu mieux le sens de l'événement quand il découvre les honneurs rendus à son père. Il assiste à tout le cérémonial de sa prestation de serment. Il entend fièrement les cent un coups de canons tirés en son honneur. Il comprend vraiment que désormais son père est le nouveau roi lorsqu'il le voit partir à cheval sous l'escorte d'un corps de cavalerie. Il admire le magnifique défilé militaire qui entoure la cérémonie.

Tout ce cérémonial lui manifeste qu'il est un enfant porteur d'une grande histoire, un fils de roi.

Baudouin, dans un carrosse avec sa mère en grand deuil et sa sœur, se voit précédé d'un corps de cavalerie pour se rendre au palais de la Nation. Après une autre cérémonie encore beaucoup trop longue pour lui, la nouvelle famille royale se rend dans l'Hémicycle. À côté du trône où prend place son père, sont disposés deux petits sièges pour Joséphine-Charlotte et lui.

Une immense ovation salue la famille royale et il entend : « Vive le roi Léopold, vive la reine Astrid, vivent les Princes. » Malgré son jeune âge, il prend peu à peu conscience qu'il a déjà un rôle dans la vie de sa nation.

Le lendemain de cette longue cérémonie, il assiste aux côtés de ses parents à un *Te Deum* chanté à la collégiale Saints-Michel-et-Gudule par le cardinal Van Roey. Pour l'enfant Baudouin, c'est encore une trop longue célébration dont il ne comprend pas le sens.

Te Deum ? Un chant très solennel de remerciements et d'actions de grâces réservé aux grandes occasions ! « À toi, Dieu, notre louange » ! Mais pour un petit garçon de quatre ans, qu'est-ce que cela veut dire ? Qui est ce Dieu à qui on adresse tant de louanges solennelles ? Personne ne lui en a jamais vraiment parlé… peut-être une allusion de temps en temps... Il n'a jamais vu prier son père, ni personne de sa famille.

Tout le long de la route du retour au Palais, la foule enthousiaste acclame la nouvelle famille royale. Du balcon Baudouin sourit à la foule ; il prend conscience de son rôle. De sa petite main il salue ce peuple qui met toute sa confiance en ses parents. Il aime ces acclamations.

Le roi et la reine sont jeunes, ils ont en main tout leur avenir et celui de la Belgique. Le 6 juin 1934, un nouveau petit frère, Albert, vient agrandir la famille. C'est le bonheur.

Nouveau gros choc affectif

Léopold III et sa femme aiment les voyages. Quand Baudouin était plus petit, ils sont partis plusieurs mois en Asie du Sud-Est et dans différents pays. Il a souffert de leur absence mais une nurse affectueuse s'est occupée de lui avec tendresse.

Le 29 août 1935, Léopold et Astrid voyagent à bord d'une voiture dernier modèle, une Torpedo américaine de luxe. Ils reviennent des Dolomites pour se rendre à Küssnacht au bord du lac des Quatre-Cantons en Suisse, où ils ont passé dernièrement des vacances avec leurs enfants. Le roi aime conduire lui-même à grande vitesse, si bien qu'il a demandé au chauffeur de prendre place sur la banquette arrière, afin de tenir lui-même le volant.

À ses côtés sa jeune femme consulte la carte pour lui indiquer la route. À un croisement où il hésite quelques secondes avant de s'engager, elle lui fait un signe de la main rapide pour lui indiquer qu'il s'est trompé de direction. Il donne un grand coup de volant pour rattraper sa route… Trop tard ! La voiture dérape… quitte la route. Le roi et la reine sont éjectés hors du véhicule qui, du haut de la colline, dévale à toute vitesse vers le lac.

La reine Astrid heurte un arbre de plein fouet. Une fracture du crâne la tue sur le coup. Le chauffeur tombe dans le lac mais est vite secouru. Le roi n'a que des blessures superficielles mais il ne peut que s'agenouiller devant le corps sans vie de cette femme qu'il aimait… Elle est morte… par sa faute… Il la prend dans ses bras, l'embrasse longuement, l'appelle, ne peut croire à son malheur.

Une voiture arrêtée sur les lieux l'arrache à cette douloureuse étreinte et le transporte à la gendarmerie la plus proche, choqué, en état d'hébétude.

Le roi désespéré se retrouve veuf et complètement démuni avec trois jeunes enfants, dont le dernier a un an.

La foule, mystérieusement avertie, se presse déjà devant le palais royal alors que les enfants ne sont pas encore au courant. Personne n'ose leur parler et leur révéler l'inacceptable. Comment annoncer cette nouvelle à Baudouin si sensible et tellement attaché à sa mère ? Comment dire à un enfant de cinq ans que sa maman est morte, qu'elle ne lui donnera plus de tendresse, qu'il ne la reverra jamais plus, alors que deux jours auparavant elle lui lançait un ballon en riant, sur les pelouses de Küssnacht, et jouait à cache-cache avec lui derrière les buissons ?

Finalement c'est une amie de la famille qui, avec mille précautions, préviendra l'aînée Joséphine-Charlotte et c'est en entendant sangloter sa sœur que Baudouin comprendra peu à peu qu'un grand malheur est arrivé et qu'il n'a plus de maman.

Les obsèques d'Astrid

L'enterrement d'Astrid, radiodiffusé, restera gravé dans la mémoire de tous les Belges venus en masse pour un dernier adieu à leur reine tant aimée. Le roi, avec un bras en écharpe et des pansements sur le visage, suit seul à pied le corbillard. Il rejoindra plus tard Baudouin et Joséphine-Charlotte, installés à l'avance dans le chœur de Sainte-Gudule pour leur épargner la longue marche derrière le cortège funèbre.

Le roi a préféré que ses enfants n'assistent pas à l'inhumation de leur maman dans la crypte de Notre-Dame de Laeken. Que peut ressentir un petit garçon de cinq ans au cours de cette cérémonie où il sait qu'il ne doit pas pleurer ?

Le roi ne veut plus rester au Stuyvenberg, ce château que sa femme a récemment modernisé à son goût, témoin de tant de souvenirs heureux. Toute la petite famille s'installe alors à Laeken auprès de la reine mère Élisabeth, seule aussi depuis la mort d'Albert Ier. L'atmosphère est très lourde. Leur père, triste et culpabilisé, s'ingénie à être un bon père, mais tout est difficile. Rien ne sera jamais plus comme au temps du bonheur.

Les enfants sont éduqués par des gouvernantes. Une jeune fille hollandaise occupera presque une place de maman dans le cœur de Baudouin : Juffrouw. Malgré les réticences du jeune prince, elle s'ingénie à lui apprendre le néerlandais, l'autre langue parlée en Belgique. Elle lui apprend aussi à monter à bicyclette, ce qui touche particulièrement le petit Baudouin, car ce vélo rouge sur lequel il s'évertue à donner ses premiers coups de pédales lui a été offert par sa mère quelques semaines plus tôt, en cadeau d'anniversaire.

Personne n'ose plus parler d'Astrid et pourtant elle est sans cesse dans le cœur de tous, de ses enfants en particulier. Son nom n'est jamais prononcé. Chacun se recroqueville dans son chagrin comme il peut pour continuer d'avancer. Toute sa vie Baudouin gardera sur sa table de travail la photo de sa jeune et jolie maman.

Chapitre 2

La deuxième guerre mondiale Nouveaux bouleversements familiaux

Le 10 mai 1940, à cinq heures du matin, l'aviation allemande pilonne Bruxelles. Toute la famille royale se retrouve en pyjama dans le salon de la reine mère. Ils sont unanimes à décréter : « Il faut veiller à mettre Baudouin, le prince héritier, à l'abri. Les enfants doivent partir dans le sud de la France avec leur grand-mère. »

Sur les routes de l'exode

Baudouin est arraché des bras de sa chère gouvernante Juffrouw qui lui tient lieu désormais de maman. Il pleure. Les devoirs du roi, son père, l'obligent à ne pas quitter son peuple en un moment si crucial. Et pour le petit Baudouin qui n'a pas encore dix ans, c'est un nouveau choc de se trouver sur des routes bondées, face à de pauvres gens qui fuient le pays avec leurs enfants, leurs vieillards, leurs vaches, le peu qu'ils ont pu rassembler dans la précipitation du départ. Par moments tout le monde se jette à terre car l'aviation allemande mitraille sans vergogne ces malheureuses colonnes.

Pour Baudouin, si fragile, c'est une inquiétude d'être loin de son père sans avoir la possibilité de recevoir ni de donner des nouvelles. Il ne dit rien car c'est un enfant qui s'enferme dans le silence à chaque nouveau coup du sort.

Ils rencontreront en route tous les aléas de l'exode. Le voyage très mouvementé les mènera jusqu'à Biarritz, puis San Sebastian en Espagne où ils se reposeront. D'autres familles ont fui aussi leur pays pour des raisons diverses. Entre autres une famille nombreuse de Madrid, les Mora. La légende dit que les enfants ont joué ensemble quelques jours sur la plage.

Le triste retour à Bruxelles

À leur retour, après la capitulation de l'armée belge, ils trouvent leur palais de Laeken occupé par les troupes allemandes et leur père Léopold prisonnier dans son palais. À sa porte, des sentinelles allemandes surveillent le roi dans ses moindres gestes.

Nouvelle punition imposée par les nazis : la famille royale reçoit l'interdiction de rester avec lui ; elle doit s'exiler à Ciergnon dans la province de Namur où elle possède un château jusqu'à présent réservé aux vacances d'été. Pour les nazis, le roi des Belges est un ennemi qui ne mérite que d'être réduit au silence et évincé, ainsi que toute sa famille. Et en tout premier lieu le prince héritier.

Baudouin n'est pas encore au courant de tous ces événements politiques. En revanche il est touché de très près par les événements propres à sa famille. À leur retour d'exil, en 1941, les enfants se réjouissent de retrouver leur père.

À leur grande surprise, celui-ci n'est plus seul ; il est entouré trop manifestement des soins d'une jeune femme brune, bouclée, toute souriante qu'ils n'ont jamais vue. Qui est-elle ? Pourquoi est-elle ici ?

Et le roi, visiblement heureux, apprend à ses enfants qu'en leur absence, il s'est secrètement remarié.

Il a mis longtemps à oser leur avouer ce nouvel amour, mais un jour il a bien fallu leur dire que Liliane Baels, nommée récemment princesse de Rethy – pour n'avoir jamais le titre de reine afin de ne pas scandaliser les Belges –, se voulait maintenant être pour eux comme une nouvelle maman. Et qu'elle leur donnerait bientôt un petit frère ou une petite sœur.

Liliane de Rethy se présente comme une femme belle, jeune, intelligente, sportive ; encore célibataire, elle a rencontré Léopold alors veuf sur les terrains de golf.

Elle a rapidement envisagé la possibilité d'un mariage. La présence de trois enfants ne lui fait pas peur : elle a été élevée dans une famille nombreuse de sept enfants ! Elle se montre tout de suite gentille, souriante et presque maternelle avec les enfants de son mari, qui, sur le moment, ont grande peine à l'accepter. Après quelques années difficiles de silence et de difficultés, Baudouin finira pourtant par s'attacher à elle.

En revanche les Belges ne se consolent pas de la disparition de la reine Astrid, et ne l'aimeront jamais. Ils l'appellent « la poissonnière de Laeken » et traitent Léopold de « veuf jouisseur », de « mauvais père » et de bien d'autres noms injurieux qui reviennent aux oreilles des enfants.

Mais les souffrances ne s'arrêtent pas là pour le jeune Baudouin : aux yeux de l'occupant nazi, le roi des Belges et sa famille demeurent forcément des ennemis dangereux. Leur incarcération s'impose et surtout loin de leur pays, au fin fond de l'Allemagne du IIIe Reich. En juin 1944, toute la famille royale est déportée.

Le jour même du débarquement en Normandie, Himmler ordonne le transfert de toute la famille de Léopold III à Hirschstein-sur-Elbe dans la région de Dresde. Pas de pitié pour les enfants. Ils doivent tous subir le même régime, quel que soit leur âge ! Baudouin a quatorze ans, Alexandre, le fils de Liliane, n'a que deux ans.

Tous sont enfermés dans une ancienne forteresse sinistre, entourée de barbelés avec des gardes armés accompagnés de chiens qui, lors des rondes, aboient toute la nuit. La nourriture est détestable et insuffisante, il n'y a pas de chauffage, aucune nouvelle de l'extérieur, l'isolement est total. Aucun d'eux n'a jamais connu un tel inconfort et même n'aurait pu l'imaginer.

Sur les conseils de Liliane, le roi très déprimé essaie, pour occuper son temps, de se consacrer à l'instruction de ses enfants. Mais ils sont tout aussi tristes et abattus que lui, sans livres, sans matériel scolaire, sans programme particulier. C'est une période noire.

Cette déportation durera neuf longs mois. Un cauchemar pour tous. Au terme de cette période, l'avance des armées alliées contraint les nazis à déplacer encore plus loin les prisonniers : on les envoie à Strobl dans la région de Salzbourg en Autriche, d'où ils seront ensuite transférés à Sankt-Wolfgang, toujours en Autriche.

Le roi rejeté par son peuple

Quand arrive enfin le jour tant attendu de leur libération par les Américains, le roi Léopold III adresse le 7 mai 1945 un message à son peuple. Il lui exprime sa joie d'être enfin libéré et son désir de rentrer au pays dès que les conditions matérielles rendront ce retour possible. Il souhaite reprendre au plus tôt ses fonctions royales après tant d'années d'absence, si pénibles pour lui et sa famille.

Une nouvelle épreuve, plus que décevante, les attend alors. La Belgique en plein désarroi, déchirée par la lutte entre les partis politiques, entre Wallons et Flamands, s'oppose à son retour. Des émeutes sanglantes qu'il n'avait jamais envisagées, sont organisées contre lui.

Baudouin qui a seize ans souffre de l'humiliation de son père, accusé maintenant par les Belges d'avoir collaboré avec l'ennemi pendant l'occupation allemande. Il ne trouve pas de réponse à ses questions. Oui, il est vrai que son père s'est rendu en 1940 dans la résidence d'Hitler à Berchtesgaden, mais... on lui a toujours dit que c'était pour demander la libération des prisonniers belges ?

Hitler n'aurait-il pas envoyé des fleurs à la princesse de Rethy le jour de son mariage en septembre 1942 ? Ont-ils collaboré ?

Un nouvel exil attend encore la famille royale. Il durera cinq ans. Cette fois-ci il n'est pas commandé par l'ennemi lors de l'occupation mais par le rejet de son propre peuple. C'est une lourde épreuve et une humiliation pour toute la famille. Pendant cinq ans, les exilés n'ont plus le droit de revenir à Bruxelles. En l'absence du roi, Charles, son frère cadet, assurera la régence.

La vie à Pregny

La famille royale est contrainte de vivre à Pregny, une charmante localité de Suisse, sur la rive du lac Léman. Ils sont logés dans un vieux château en pierres grises dans la banlieue chic de Genève, appelé « Le Reposoir ». La vue imprenable sur le Mont-Blanc est superbe. Leur nouvelle résidence obligatoire ne manque ni de charme ni de confort. Mais ils sont confinés loin de leur pays et tellement isolés !

Malgré cet exil difficile, les études du prince héritier deviennent, pour la première fois, celles des jeunes gens de son âge. Son père l'inscrit dans un collège. Il va enfin découvrir un vrai cadre scolaire, un strict emploi du temps, une salle de classe et une cour de récréation pour les jeux sportifs. Jusqu'à présent il n'a connu que des précepteurs à domicile. Ils lui ont beaucoup appris, surtout en culture générale, mais il n'a jamais connu l'ambiance d'une classe. Il va alors fréquenter chaque jour un vrai établissement scolaire, d'abord le collège de Rosey, puis le collège Calvin de Genève, des bâtiments Renaissance imposants au cœur du Vieux Genève, fréquentés par la progéniture de la haute société.

Il rencontre pour la première fois des camarades, des garçons de son âge qui, entre autres, l'entraînent dans de longues promenades à vélo le long du lac. Une découverte ! Au cours de ces années, il est louveteau, puis scout.

Il apprend à aimer la nature, à regarder les plantes, à respecter l'environnement. En uniforme, béret, foulard et culottes courtes, il se sent comme les autres. On le surnomme « Patte tendre ». Il apprend à faire bouillir de grosses marmites de macaronis, sur des feux de branches ramassées toute la matinée dans la forêt. Il couche sous la tente même s'il pleut fort. La devise des scouts « Toujours prêt » l'invite à se mettre au service de ceux qui l'entourent ; cette devise le marquera pour toute sa vie.

Autour des feux de camp, le soir « avant d'aller dormir sous les étoiles », il apprend à prier en groupe. La prière des scouts le marque : « Seigneur Jésus, apprenez-nous à être généreux… à donner sans compter[1]. » Et il apprend aussi l'amour des autres, l'écoute de leurs attentes, le service, la B.A. – Bonne Action. Deux lettres qui font partie du vocabulaire scout pour se mettre au service des autres.

Baudouin est heureux chez les scouts mais il n'est pas heureux au collège. En réalité, il a beaucoup de peine à suivre ces années de scolarité. Il est humilié par ses résultats médiocres. Jusqu'à présent ses études se sont plutôt déroulées au rythme peu propice au travail des événements de la vie familiale soumise aux aléas de la guerre.

Dans ce collège de haut niveau, il se sent dépassé et complexé. Les adolescents de son âge, ses camarades, ont été épargnés par la guerre, la Suisse étant restée un pays neutre ; ils n'ont entendu parler que de loin de tous

1. Prière attribuée à Ignace de Loyola, fondateur de l'ordre jésuite. Baudouin la dira toute sa vie.

ces événements qui ont ravagé l'Europe de 1939 à 1945. Ils ont eu tout leur temps pour travailler paisiblement et s'instruire auprès de parents attentifs et dans des milieux intellectuellement privilégiés. Plus tard, il dira que dans ce collège il éprouvait des complexes car il se voyait considéré comme « un cancre ».

Le jeune Baudouin traverse souvent des moments de découragement. Cet exil est trop dur pour lui ! Un dominicain, le père Braun, vient de temps à autre leur rendre visite. C'est un exégète, professeur à l'université de Fribourg. Spécialiste de saint Jean, il parle beaucoup de celui que l'on a appelé « l'apôtre préféré ». Par ses textes, Jean a révélé aux hommes l'amour de Dieu pour chacun d'eux. Dans sa première épître entre autres, il a affirmé à plusieurs reprises sous des formes différentes : « Dieu est Amour. Celui qui demeure dans l'amour demeure en Dieu et Dieu demeure en lui[2]. »

Malgré son jeune âge, Baudouin l'écoute attentivement. Il est touché par ses révélations et comprend peu à peu l'amour de Dieu pour lui. Cette conviction ancrée en lui dès son adolescence ne le quittera jamais. Elle sera le moteur et la raison d'être de toute sa vie. Certes, personne ne peut savoir ce qui se passe au fond des cœurs et comment Dieu se révèle à chacun. Mais il est possible que ce soit en ces années et à travers les paroles de ce dominicain qu'il ait reçu un premier appel, une grâce spéciale pour saisir l'amour de Dieu et pour vivre l'Évangile dans sa vie.

Plus tard il écrira sans précision de date :

2. Première épître de saint Jean (3,7-8).

> « Encore adolescent, j'ai découvert l'amour de Dieu pour moi, pour l'humanité.
> Je vois que chaque fois que des personnes tâchent de vivre l'Évangile tel que Jésus nous l'enseigne c'est-à-dire de nous aimer comme Lui nous a aimés, les choses commencent à changer : l'agressivité, l'angoisse, la tristesse font place à la paix et à la joie.
> À partir de ce jour ma vie a changé. Je veux dire par là, ma manière de voir les choses, car je crains que je reste le même bonhomme avec les mêmes défauts que j'avais déjà alors. Mais mes faiblesses ne me découragent plus, au contraire, elles sont une raison de m'appuyer entièrement sur l'Amour tout-puissant et la force de mon Père[3]. »

Cependant cette vie tranquille au bord du lac s'éternise un peu trop au gré du peuple belge qui, malgré tout, est resté fidèle à son roi. Avec le temps Léopold a pris des habitudes de farniente et de luxe, et vit comme s'il était en vacances prolongées. Chacun sait et s'indigne qu'il reçoive chaque mois une retraite confortable. Cette attitude est très mal comprise par certains Belges qui crient au scandale. Il est considéré comme un mou, un fainéant, un profiteur et un déserteur de sa tâche royale.

3. Léon-Joseph Suenens, Le roi *Baudouin, Une vie qui nous parle,* Éditions Fiat, 1995, p. 79.

Le retour à Bruxelles

Les Belges ne lui ayant jamais pardonné son remariage avec la princesse de Réthy, le roi devient de plus en plus impopulaire. On le surnomme le « sire de Pregny », « le roi de Suisse » tandis que Charles, incapable, assure mal en son absence l'intérim de la fonction royale.

Dans les rues de Bruxelles et sous les fenêtres du Palais royal, on entend crier « À bas Léopold », « Abdication », « Démission ».

Le jeune Baudouin, qui a toujours gardé une admiration inconditionnelle pour son père, en souffre beaucoup. Il ne comprend pas ce rejet. Son père n'a rien fait de mal, n'est-ce pas ?

En 1950, un référendum est lancé. Les Belges veulent-ils que leur roi revienne sur le trône ? À l'annonce des résultats, il est évident que la Belgique ne veut plus de son roi. Son retour à Bruxelles ne sera accepté par les Belges qu'au prix d'une prompte abdication de Léopold en faveur de son fils Baudouin, le jeune prince héritier.

Chapitre 3

L'abdication de Léopold III
Début du règne de Baudouin

Après toutes les humiliations et les souffrances subies depuis tant d'années, et après de longs entretiens entre père et fils, entre le roi et son Premier ministre, Léopold finit par accepter d'abdiquer. Il sait que son peuple ne lui pardonnera jamais son insouciance et sa morgue, ni son remariage. C'est une décision difficile. Baudouin la considère comme injuste. Le peuple consulté par référendum en donne le coup d'envoi.

La cérémonie, très solennelle, devant une soixantaine de dignitaires en jaquette et deux cents hautes personnalités, est bouleversante pour l'un comme pour l'autre. Baudouin a un grand respect et une forte affection pour son père en même temps qu'une réelle admiration pour son courage. Monter sur le trône à la place de son père lui paraît une usurpation, presque une injure. Une grande émotion l'habite alors. De plus, il ressent sa fragilité devant la tâche à accomplir et les nouvelles responsabilités qui vont désormais lui incomber. Il se sait timide, sans expérience et il n'a pas encore 21 ans.

Le 30 juillet 1951, le roi Léopold III prononce son discours d'abdication qu'il termine par une supplication adressée au gouvernement, aux délégations du Parlement et à toutes les personnalités présentes : «Je vous en conjure, soyez unis.»

Baudouin alors s'avance et, en français puis en néerlandais, ne peut prononcer qu'une seule phrase tant il est bouleversé : «Mon père, je suis très ému par les nobles paroles que tu as prononcées. Je te promets que je ferai tout ce qui est en mon pouvoir pour me montrer digne d'être ton fils.» Il ne peut pas en dire davantage. Le peuple belge est venu en masse à leur sortie du Palais, pour acclamer son nouveau et si jeune roi qui salue le drapeau et se met au garde-à-vous pendant l'exécution de l'hymne national, la Brabançonne.

Debout devant le trône royal, la main levée, Baudouin Ier prête serment en néerlandais et en français : «Je jure d'observer la Constitution et les lois du peuple belge, de maintenir l'indépendance nationale et l'intégrité du territoire.»

Désormais il est le roi des Belges et il le restera jusqu'à sa mort. Après la longue cérémonie, seul dans une voiture découverte, il traverse et salue de la main la foule qui l'acclame avec enthousiasme. Beaucoup sont émus de voir leur nouveau roi, si jeune, si seul, peut-être si fragile encore, porteur de lourdes responsabilités dont à ce jour il ne mesure sans doute pas encore le poids.

Baudouin Ier règne, mais c'est un roi triste. Malgré sa jeunesse, il assume ses nouvelles responsabilités avec un grand sérieux. Il assure les voyages officiels aux USA, au Luxembourg, à La Haye. Il est présent à toutes les réceptions, reçoit toutes les personnalités étrangères avec le protocole voulu et aussi avec beaucoup de gentillesse.

En particulier, il se donne comme mission d'être à l'écoute de tous ceux qu'il rencontrera que ce soit dans ses fonctions officielles ou lors d'entretiens plus personnels. Ce sera toute sa vie une des caractéristiques essentielles de sa personnalité et sa mission la plus profonde.

Tous les jours en rentrant de son travail au Palais royal, il va déjeuner sagement avec son père et Liliane. Puis l'après-midi, il repart au volant de sa voiture qu'il conduit vite et avec plaisir, pour continuer à travailler jusqu'au soir dans le palais de Bruxelles et retourner coucher chez son père et Liliane.

Beaucoup d'événements interviennent pour lui dans cette nouvelle vie de roi : des décisions à prendre, des cérémonies à présider, des voyages officiels à entreprendre, des réunions quelquefois houleuses à pacifier. Mais ce qui lui paraît le plus essentiel est d'aider sous des formes diverses les plus pauvres, les plus démunis. Dieu sait combien ils sont nombreux dans son royaume après tant d'années de guerre dévastatrice ! Sans compter les incendies, les inondations, les accidents du travail, les chantiers en cours, les taudis où sa présence et sa compassion sont précieuses pour la population.

Apparemment les journalistes et le peuple ignorent tout de sa vie sentimentale… mais elle fait beaucoup parler !

La presse *people,* aussi bien en Belgique que dans les pays voisins, l'épie et se déchaîne. On lui prête toutes les liaisons et les relations sexuelles les plus sordides, les sorties les plus louches.

Par ses fonctions, il est tenu de participer à de nombreux bals ou soirées mondaines. Toutes les jeunes filles de familles royales espèrent danser avec lui… et peut-être, bien sûr, devenir un jour reine de Belgique. Chaque fois qu'il sourit à une de ses cavalières ou qu'il danse deux fois avec la même princesse, les journaux annoncent ses fiançailles prochaines ! À cette époque on lui a déjà attribué une vingtaine de mariages !

Il est lassé de cette meute en chasse perpétuelle de sa vie privée, étalée au grand public. Sans compter les calomnies véhiculées par une certaine presse à scandale qui l'écœurent.

Dans une autre perspective, des journalistes publient des articles sur sa piété et prédisent qu'il est sur le point d'abdiquer pour entrer dans les Ordres ! Bénédictin ou trappiste ? Les paris sont ouverts et inondent la presse. Il est certain que la Belgique attend une réponse à toutes ces interrogations. Sans doute lui faudrait-il une épouse, pour donner à son peuple une reine, digne de la bien-aimée Astrid toujours regrettée, mais aucune jeune fille de l'entourage du roi ne l'attire vraiment et ne paraît aux yeux de Baudouin à la hauteur de cette fonction.

Chapitre 4

Le cardinal Suenens

Le cardinal Suenens est primat de Belgique. C'est une figure importante du concile Vatican II, un des quatre « modérateurs » nommés par Paul VI, c'est-à-dire un responsable de la bonne marche du Concile. Une de ses missions sera d'apporter « un souffle de printemps » aux évêques du monde entier réunis à Rome de 1962 à 1965 pour adapter et renouveler le dialogue entre l'Église et les hommes du XXe siècle.

Pourquoi « ce souffle de printemps ? » Tout simplement parce que le cardinal Suenens a compris que l'Église ne pouvait rester dans notre monde moderne, riche de ses découvertes, de ses changements et de ses évolutions comme un édifice statique. Il lui fallait une nouvelle énergie, un nouveau langage, un nouveau souffle : le souffle de l'Esprit. Lui-même l'avait ressenti personnellement comme un appel fort à une vie chrétienne plus vivante, plus axée sur la louange et sur la joie d'un cœur d'enfant reconnaissant des dons de son Père.

Sous son impulsion, le Père Philippe Verhaegen crée en Belgique les premières réunions de prières. Elles fleurissent un peu partout en ces années où le Renouveau charismatique arrive en Europe. Chaque participant exprime avec simplicité et humilité la façon dont l'Évangile entre dans sa vie. La louange se décline sous toutes les formes, au gré de chacun. Ces rencontres sont spontanées, joyeuses, vraies, enthousiastes, émouvantes par leur sincérité.

Le cardinal a plusieurs fois rencontré le roi dans des réceptions officielles mais chacun est resté dans son rôle ; ils n'ont eu que des conversations de convention. Certes Baudouin, comme toute la famille royale, est de tradition catholique, mais Dieu a tout juste commencé dans son cœur le cheminement en profondeur qu'il fera plus tard. Le cardinal Suenens en sera l'initiateur.

En 1959[1], le cardinal Suenens est convoqué au Palais royal de Bruxelles, à Laeken. Le cardinal a été vice-recteur de l'université de Louvain. À ce titre, le roi voudrait lui demander quelques renseignements au sujet de l'orientation universitaire d'un de ses neveux. Le jour de ce premier rendez-vous, le roi est grippé et ne peut le recevoir. Le cardinal lui fait remettre son dernier livre : *Amour et maîtrise de soi.*

Lorsque le cardinal se présente pour une deuxième visite, la journée est superbe. Le roi lui propose une promenade dans le parc du château royal. Les serres de Laeken sont réputées pour être le cadre des échappées les plus agréables de Bruxelles. Commence alors une longue conversation à bâtons rompus qui dure plus

1. Toutes ces rencontres sont relatées dans l'ouvrage du cardinal Suenens, *Le roi Baudouin, Une vie qui nous parle*, Éditions Fiat, 1995.

de deux heures. Le cardinal comprend la solitude de Baudouin : son isolement, le poids de ses responsabilités, la souffrance causée par l'acharnement des journalistes à lui trouver toujours de nouvelles fiancées, et cette tristesse permanente qu'on lui reproche tant.

Le lendemain de cette rencontre, le cardinal adresse un mot à Baudouin : « Je voudrais tant pouvoir vous aider un peu à répondre à l'appel de votre vocation magnifique, au rêve de Dieu sur vous. Car Dieu a un rêve qu'il veut réaliser en vous, avec vous, à travers vous. » Le rêve de Dieu sur lui ? Baudouin ne comprend pas tout de suite ce que le cardinal veut lui dire. Il le perçoit. Il sait qu'il doit être un roi à la hauteur de ses responsabilités, mais il se sent tellement seul !

Le rêve pour lui serait de rencontrer une épouse qui partagerait ses responsabilités, qui allégerait le poids du fardeau qu'il porte sur ses épaules, à qui il pourrait parler des difficultés de sa charge. Depuis le début de sa conversation avec le cardinal, il a compris que le mariage pouvait être vécu comme une « route de sainteté ». Il rêve maintenant d'une épouse qui le fasse grandir dans sa foi, qui le seconde, avec laquelle il puisse prier, lire les textes de l'Évangile, qui partage et comprenne son désir d'aider les plus malheureux de son royaume. De tout son cœur, il souhaite une femme qui partage simplement sa vie quotidienne, lui apporte son sourire et son appui. Mais comment et où la trouver ? Son cœur est plein d'amour pour son peuple dont il partage les attentes, les conflits, les besoins, mais il se sent bien seul, bien jeune, bien timide et maladroit pour le lui manifester. Tant de problèmes douloureux à régler seul chaque jour ! Il sait aussi combien tout son peuple attend qu'il lui présente enfin une reine.

Une nouvelle longue promenade a lieu quelques semaines plus tard. La conversation est profonde, la foi en est le centre. Incidemment, le cardinal parle de Lourdes et dit au roi : « Quelle grâce ce serait pour vous si un jour vous pouviez vous y rendre incognito en vous mêlant à la foule des pèlerins ! »

Cette proposition qui lui semble tomber du Ciel tant elle correspond à ses aspirations récentes, laisse Baudouin sidéré. Il répond au cardinal : « Vous me parlez de Lourdes ? Mais j'en reviens précisément : il y a quelques jours à peine, j'y ai passé la nuit en prière aux abords de la grotte et j'ai confié à Notre-Dame de Lourdes le soin de résoudre le problème de mon mariage. »

Quelle confiance !

Le cardinal est conforté dans sa proposition : « Le roi de Belgique priant incognito dans la foule devant la grotte de Massabielle et priant pour rencontrer une épouse digne des Belges, ce ne peut être qu'un signe certain de Dieu ! »

Lourdes devient alors un sujet de conversation intime entre le roi et le cardinal. Très simplement le cardinal lui ouvre son cœur. Il explique à Baudouin combien Lourdes est un haut lieu pour lui depuis qu'il y a rencontré une religieuse irlandaise, Veronica O'Brien. Elle l'a initié au Renouveau charismatique : depuis cette rencontre providentielle, sa vie a complètement changé. Sa foi traditionnelle de prélat d'âge mûr, quelquefois un peu routinière, est devenue une joie, un amour, une louange permanente, une familiarité quotidienne avec la parole de Dieu. L'évangélisation est maintenant pour lui la priorité de sa vie.

Et le cardinal ne peut s'empêcher de lui confier : « Mes rencontres avec deux personnes, Franck Duff, fondateur de la Légion de Marie, et Veronica O'Brien ont fait date dans ma vie. »

Devant un tel tableau, la réponse de Baudouin est prévisible et immédiate : « Je voudrais bien à mon tour rencontrer cette Veronica. Comment cela peut-il être possible ? »

Et le cardinal lui répond : « Rien n'est plus facile. Elle est justement à Bruxelles en ce moment. Je vous donne son adresse et son numéro de téléphone. Appelez-la de ma part. »

Chapitre 5

Qui est Veronica O'Brien ?

Elle est née en 1905 en Irlande, onzième d'une famille de treize enfants. Remplie d'une foi intense qu'elle vit dès son plus jeune âge comme une joie immense mais aussi une grande mission, elle entre très jeune au couvent des Dames du Sacré-Cœur en Irlande. Elle y reste quatorze ans. Mais cette vie en clôture ne correspond pas à ses attentes. Elle revient dans la vie civile sans renoncer à ses vœux de religieuse auxquels elle restera fidèle toute sa vie.

Elle a choisi « Veronica » comme nom de religieuse en songeant au geste de Véronique essuyant le visage ensanglanté du Christ sur le chemin du Calvaire. Cette vocation de « compassion » (souffrir avec) sera le moteur de toute sa vie.

Une nuit, en 1964, au moment où le pape lançait son appel à tous les chrétiens pour une nouvelle évangélisation, à la veille de la Nativité de la Vierge, elle a eu une intuition :

> « Personne ne songe jamais à fêter Marie comme quiconque fêterait sa maman ; pourtant c'est notre

> maman du Ciel; je voudrais que tous les chrétiens où qu'ils soient, se rassemblent dans une même prière à Marie autour du chapelet Fiat. Un chapelet comme les autres avec ses dizaines habituelles, mais matériellement plus petit afin d'être plus accessible. Il propose surtout une prière à la Vierge accompagnée de la contemplation d'une icône à la place de la petite croix.»

En Irlande, Veronica rencontre Frank Duff, un fonctionnaire du ministère des Finances, fondateur d'un mouvement qui a vite pris une grande ampleur : La Légion de Marie. Se fondant sur l'idée que Marie est une maman attentive à toutes les souffrances des humains, les adeptes de ce mouvement, soutenus par une vie spirituelle profonde, visitent au nom de Marie les hôpitaux, les asiles, les prisons, les rues des prostituées, des clochards, tous les lieux de souffrance, avec un cœur plein d'écoute et de compassion.

Convaincue que personne ne peut vivre son christianisme en s'isolant, elle forme des cellules vivantes de chrétiens qui s'engagent à se rencontrer à intervalles réguliers pour prier ensemble et à se soutenir dans leur tâche d'évangélisateurs.

Dans diverses régions de France, Veronica, d'un caractère enthousiaste et douée pour l'organisation, fonde plus de 800 groupes pour la Légion de Marie. Sans relâche elle poursuit sa tâche en Italie, en Grèce, en Espagne, en Pologne, en Turquie, en Yougoslavie… Elle est hantée par l'idée que la foi n'est pas tiédeur, formalisme, mais une flamme intérieure prête à se propager.

Elle va dans les séminaires, les congrégations religieuses, dans les réunions de prêtres pour ranimer la foi, la rendre plus personnelle, plus ouverte et surtout moins routinière. Son désir apostolique est immense et sans frontières.

Totalement abandonnée au Seigneur, en 1972, elle se rend aux États-Unis où viennent de naître les premiers groupes du Renouveau charismatique. Elle est émerveillée par la spontanéité et la fraîcheur spirituelle des groupes de prière. Elle voit dans ce renouveau de l'Église une nouvelle Pentecôte, un souffle puissant de grâces pour notre temps, l'œuvre de l'Esprit Saint, un renouvellement pour la foi.

En 1975, à Rome, elle participe au grand pèlerinage de dix mille personnes enthousiastes où Paul VI annonce dans la joie générale que le Renouveau charismatique est une chance pour l'Église.

En 1984, à Paray-le-Monial, au cours d'une retraite du Renouveau, elle fonde pour les couples chrétiens les groupes FIAT (Family International Apostolic Team). Plusieurs couples présents ont prié ensemble en vue de recevoir « le baptême dans l'Esprit ». Le sacrement de mariage les unissait déjà dans le Seigneur. Conscients que la famille est le lieu où la vie d'amour se vit le mieux chaque jour, il leur fallait un cadre plus présent et un souffle nouveau, inspirés par l'esprit du Concile.

En effet, depuis quelques années, grâce au père Caffarel et aux Équipes Notre-Dame, la spiritualité conjugale transforme les relations entre époux et leur fait vivre leur mariage comme une route de sainteté, parcourue à deux, sous le regard du Seigneur.

Il faudrait des livres entiers pour mesurer l'action de Veronica dans l'Église, auprès des laïcs, des prêtres, des évêques, des papes Jean XXIII puis Paul VI puisqu'elle s'est rendue à Rome à de nombreuses reprises, en particulier au moment du concile Vatican II. Elle a joué un rôle très important dans l'insertion du Renouveau au cœur de l'Église et dans l'accueil de cette foi si joyeuse et vivante.

Quand Baudouin a rencontré Veronica pour la première fois, il ne pouvait pas imaginer la personnalité étonnante de dynamisme et de foi profonde que le cardinal Suenens avait introduite dans sa vie. Ni quel rôle elle allait jouer dans son avenir.

Chapitre 6

La première rencontre de Baudouin et Veronica

Si Veronica a un cœur débordant d'amour, elle ne sait pas lire une carte routière. Au volant de sa voiture pour répondre à l'invitation royale, elle se trompe de direction pour se rendre au château de Laeken, fait des demi-tours périlleux sur la route et finit par entrer dans le parc en s'engouffrant par une porte grillagée interdite au public !

Très confuse de son retard, elle se confond en excuses auprès du roi tout souriant qui la met tout de suite à l'aise. La glace est vite rompue. La conversation dure cinq heures.

Baudouin lui exprime très simplement son désir de donner une reine à la Belgique, mais aussi le fait qu'il ne connaît personne susceptible de le seconder dans cette tâche qu'il voit comme un sacerdoce.

Dès le lendemain, Veronica lui envoie par la poste *le Traité de la vraie Dévotion* de Louis-Marie Grignion de Montfort. Elle y joint une longue lettre. Un passage touche particulièrement *Dear King* (c'est ainsi qu'elle s'adresse à lui) :

> «Marie est immensément plus intéressée à votre avenir que vous-même pourriez l'être. Elle prendra le plein contrôle de tous les pas qui vous conduiront à la rencontre de celle avec laquelle vous aimerez et servirez le mieux le Seigneur[1].»

Un peu plus tard, lorsque leurs conversations spirituelles se seront encore approfondies, Veronica demandera à Baudouin de noter ses méditations dans un cahier. Un peu réticent quant à cette démarche qui lui paraît trop intime, Baudouin finira par accepter. Après la mort de Baudouin en 1993, le cardinal Suenens les publiera en 1995 aux Éditions FIAT sous le titre : *Le Roi Baudouin, Une vie qui vous parle.* Nous y puiserons de nombreux extraits.

En 1991, Baudouin écrit dans ce cahier :

> «Il y a quarante-trois ans, je t'ai demandé, Seigneur de m'envoyer une sainte pour me guider dans ma vie spirituelle et me former. Douze ans plus tard Veronica entrait dans ma vie, tout habillée de vert[2].
>
> Tu me rappelas au moment même ma prière d'adolescent de 18 ans[3].»

Lors d'une nouvelle rencontre, Veronica exprime qu'après avoir longuement prié, elle a acquis une certitude, une sorte de parole intérieure entendue dans le temps

1. *Ibid.*, p. 26.
2. Allusion à l'Irlande.
3. *Ibid.*, p. 28.

de discernement qui a suivi : c'est en Espagne, un pays de grande foi, que le roi trouvera l'épouse chrétienne et royale de son attente.

Impressionné, le roi lui avoue y avoir déjà pensé lui aussi. Mais il s'était toujours senti perplexe sur le mode d'approche. Cela lui paraissait une éventualité, mais irréalisable à mettre en place. Même si il y a quelques années, sur des pistes de ski près de Lausanne, il avait rencontré des jeunes filles de l'aristocratie espagnole qui auraient pu correspondre tout à fait à son attente, car la foi semblait ancrée dans leurs vies, cependant il n'y avait eu aucune suite.

Quelques jours plus tard, Veronica au cours d'une longue prière est persuadée que c'est elle-même qui doit se rendre en Espagne pour trouver celle qui sera un jour reine de Belgique. Pour elle c'est une certitude : cette inspiration tellement forte ne peut venir que du Seigneur. Toute remplie de l'interprétation des signes de Dieu acquise dans le Renouveau charismatique, elle a appris à discerner les paroles intérieures nées dans la prière. Un peu surpris par une telle détermination, mais touché par une proposition aussi aléatoire, le roi lui laisse carte blanche. Mis au courant, le cardinal Suenens répond : « Dieu a bien indiqué à Tobie le chemin de Sarah ! Il nous guidera bien sur la route que nous cherchons. » Mais il ne voit pas du tout par quel bout cette route peut se dessiner ni comment les choses peuvent se passer.

Cette histoire – un vrai roman – est tellement extraordinaire que, si elle n'était pas relatée par le cardinal Suenens, on aurait peine à la croire.

La seule aide que le cardinal puisse proposer dans un premier temps à Veronica est de lui remettre une lettre de recommandation pour le nonce de Madrid, Monseigneur Antoniotti, qu'il ne connaît que par son nom trouvé dans un annuaire. En quelques lignes, il lui demande « de bien vouloir recevoir Mlle O'Brien qui se rend à Madrid pour faire une enquête sur l'apostolat des chrétiens dans les milieux aristocratiques espagnols et de lui faire confiance », sans autre précision. Un prétexte pour justifier sa présence à Madrid.

Le 15 avril 1960, avant de prendre l'avion pour la capitale espagnole, Veronica écrit au roi :

> « Je n'ai dans l'esprit qu'une seule pensée ; que je suis au service d'un enfant très aimé de Dieu, qui est aussi l'enfant de Marie, destiné à faire de grandes choses pour l'Église et pour les âmes, s'il se laisse conduire lui-même par l'Esprit Saint[4]. »

Malgré la lettre de recommandation du cardinal, la visite au nonce est décevante. Veronica n'a pas osé lui dévoiler le but véritable de son voyage à Madrid. Fort réservé, il lui propose simplement de lui donner un mot d'introduction pour un ami qui a été en poste diplomatique à Madrid et connaît bien les milieux aristocratiques de la capitale. Sans doute serait-il susceptible de l'aider dans son enquête.

Face à ce diplomate qui comprend mal le but de son voyage, Veronica se veut un peu plus explicite. Elle lui

4. *Ibid.*, p. 39.

dévoile à mots encore très couverts le pourquoi de sa présence en Espagne. Le diplomate comprend très vaguement qu'il s'agit de l'hypothétique mariage d'une personnalité dont elle ne révèle pas le nom. Veronica lui fait alors jurer que cette conversation restera sous le sceau du secret.

Il donne alors à Veronica un mot d'introduction pour consulter une religieuse, directrice d'une importante école féminine de Madrid, fréquentée par les milieux de la haute société de la capitale. Certainement cette femme intelligente partagera tout de suite l'intérêt de l'enquête de Veronica sur l'apostolat des laïcs en milieu aristocratique.

Après quelques recherches dans sa mémoire, elle lui parle d'une de ses anciennes élèves qui serait tout à fait capable de l'aider. Le rendez-vous est pris, la directrice accompagne Veronica chez cette personne mais, hélas, cette dernière se dit tout de suite incompétente pour cette enquête.

Cependant, afin de ne pas décevoir ses visiteuses qu'elle a reçues chaleureusement, elle réfléchit longuement et finit par dire : « Une idée me vient à l'esprit. Je connais une femme remarquable, très chrétienne, qui connaît bien les milieux de votre enquête car elle fait partie de la haute société madrilène. Elle pourra sans doute vous donner quelques indications utiles. »

Elle va chercher un papier sur lequel elle inscrit : Fabiola de Mora y Aragon avec son adresse et son numéro de téléphone. « Prenez contact avec elle de ma part. Elle pourra sans doute vous aider. »

Le rendez-vous est vite pris par téléphone. La rencontre se fait dès le lendemain. La directrice accompagne Veronica.

Tout de suite après cette première visite, Veronica écrit au roi pour lui donner ses impressions. Afin d'être sûre que sa lettre ne tombe pas dans des mains étrangères et pour déjouer toute indiscrétion, elle nomme Fabiola : « Avila ». Espagne oblige !

Laissons à Veronica le soin de raconter cette première entrevue « historique ». Elle écrit :

> « Après avoir beaucoup prié et avoir récité le chapelet, nous partions (la Supérieure et moi) vers Avila. Appartement très moderne, très joli, fraîchement arrangé, tableaux magnifiques qui valent des millions. Une charmante petite domestique dit que Avila a été retardée, mais arrivera. La porte s'ouvre, Avila s'avance et ce fut une bouffée d'air frais. Grande, mince, bien bâtie, visage *good looking and striking*, pétillante de vie, d'intelligence, d'entrain, de droiture, de clarté. Visage ovale, cheveux touffus châtain clair, beau front. Bouche peinte, généreuse, assez grande.
>
> À la même seconde quelque chose en moi me dit : "C'est elle !" Mais le bon sens disait : "Non c'est impossible en raison de l'âge[5]." Et puis était-elle encore libre ? C'était peu probable. Et pourtant une partie profonde de moi-même était convaincue que

5. Elle a deux ans de plus que Baudouin, donc 32 ans au moment de cette rencontre.

j'étais devant l'élue de la très sainte Vierge, devant celle qu'Elle avait elle-même longuement préparée. La conversation s'engage. Tout de suite c'est l'entente cordiale. Chaque mot trouve en moi une résonance et confirme “la certitude”.
Avila raconte sa vie, comme un exemple typique pour comprendre la mentalité de son milieu. Elle s'occupe de malades et des pauvres, a pris un diplôme de Croix-Rouge. Elle parle de ses malades avec tendresse, tout en avouant sa crainte d'assister à des opérations... Elle-même, comme ses amies, dit-elle, n'ont qu'un but : se perfectionner pour leur mari afin de pouvoir donner à Dieu et à l'Espagne des enfants dignes de Dieu et du pays. Avila répétait sans cesse que ses amies valaient mille fois mieux qu'elle, et qu'elle avait hâte que je les rencontre.
Elle parle de sa famille, spécialement de son père qui est mort, dit-elle, le sourire aux lèvres, avec ce mot plaisant d'adieu : “Tous mes bagages sont prêts.” Elle parle encore de ses sports favoris. Après quoi on s'installe, autour d'une table abondante, pour le thé ; elle s'excuse de l'abondance, croyant qu'elle allait recevoir tout un groupe de pensionnaires anglaises de quinze ans. Elle avait mal compris au téléphone de quoi il s'agissait… et encore moins de quoi !
Elle raconte qu'elle a refusé le mariage avec un jeune diplomate en partance pour Washington “parce que ma vie s'est enracinée ici”. Osant toutes les questions, je lui demande : “Comment se fait-il que vous ayez évité le mariage jusqu'ici ? ” Réponse : “Que voulez-vous ; je ne suis jamais tombée amoureuse jusqu'à

présent. J'ai mis ma vie entre les mains de Dieu, je m'abandonne à Lui, peut-être que Lui me prépare quelque chose."»

Veronica termine sa lettre par cette phrase :

«C'était bouleversant, car je savais avec certitude ce que Dieu lui préparait.»

Au cours de ses années au sein du Renouveau charismatique, Veronica a acquis la certitude que la manifestation de Dieu aux hommes ne s'est pas concrétisée pour la dernière fois il y a plus de deux mille ans, le jour de la Pentecôte dans la chambre haute de Jérusalem. Elle sait que des événements de nos vies, vécus dans la prière et perçus dans un vrai discernement, sont des signes de Dieu sur les chemins des humains.

Dans cette rencontre avec Fabiola et dans cette confiance née de leur conversation, elle voit un signe de Dieu dont elle est certaine. Plus rien ne l'arrêtera.

Chapitre 7

Fabiola

Fabiola de Mora y Aragon est née le 11 juin 1928 à Madrid. Elle est la sixième d'une famille de sept enfants. Ses parents don Gonzalo Mora y Fernandez et son épouse doña Bianca de Aragon y Carrillo de Albornoz sont d'érudits collectionneurs d'art. Les murs de leur palais de 45 pièces[1] sont tapissés des toiles des plus grands maîtres. Un véritable musée pour initier leurs enfants et passionner leurs visiteurs.

Quand don Gonzalo montre à ses enfants le tableau de Fragonard, récemment apporté par son oncle, et qu'il leur explique toute l'évolution des sujets et des techniques de peinture dans le contexte du XVIIIe siècle, il estime que son enseignement est de beaucoup supérieur à celui qu'ils pourraient recevoir dans une école classique.

Les Velasquez, les Greco, les Mignard servent alors de livres d'études à Fabiola. À huit ans, elle est déjà passionnée par toutes les sources d'enrichissement intellectuel et artistique. Dans le grand salon de musique de

1. 5-7 calle Zurbano dans le cœur de Madrid.

la calle Zurbano, viennent régulièrement se produire ensemble les meilleurs instrumentistes de Madrid. Dès leur plus jeune âge, les enfants sont conviés à assister à ces concerts et, à l'aide de quelques explications paternelles, s'initient à la grande musique.

La bibliothèque de la famille Mora est connue, appréciée et fréquentée par les intellectuels de Madrid. Une table en son centre favorise soit la lecture silencieuse soit les échanges. Les habitués, toujours de haut niveau, discutent devant les enfants. Peu à peu leur goût de la lecture et leur ouverture à la pensée des auteurs, surtout espagnols, se construisent.

Aucun descendant de la famille Mora ne va à l'école, mais tous, au contact de leur famille, acquièrent une grande culture, selon l'esprit des milieux aristocratiques et conservateurs de cette époque.

Dix-sept domestiques s'affairent dans les cuisines et les couloirs, répondent aux besoins matériels des enfants et se réunissent chaque jour avec la famille pour la prière du soir.

En découvrant cette vie de riches notables, on pourrait imaginer facilement une richesse ostentatoire, justifiée par leur rang dans la société aristocratique et intellectuelle de Madrid. Mais rechercher le luxe n'est pas la ligne de conduite du couple Mora. Certes, ils sont conscients et fiers d'appartenir depuis plusieurs générations à une classe supérieure. Ils ont beaucoup reçu et donc, pour eux, la tâche est claire : beaucoup donner. Et autour d'eux, ils donnent beaucoup.

Leur seul but, quand ils se sont trouvés à la tête d'une lignée de sept enfants, a été de maintenir les traditions de leurs familles respectives et de les transmettre à leurs enfants. Ils savent que le monde dans lequel ils vivront ne sera plus le monde dans lequel ils ont vécu. Ils pensent que les traditions familiales bien ancrées dans leurs vies les aideront à vivre avec ces valeurs dans le monde encore inconnu que chacun des « sept » connaîtra.

Un de leurs amis les plus proches est le roi Alphonse XIII. Son épouse, la reine Victoria Eugénie, est la marraine de Fabiola. Il n'est pas rare qu'il vienne avec sa femme chez les Mora y Aragon pour une partie de bridge ou pour un dîner dans l'intimité. Les enfants se cachent derrière des rideaux pour s'amuser de ses guêtres et ses bottines à boutons, car il est encore habillé à la mode ancienne.

Profondément royalistes, les Mora seront ses amis toute la vie malgré ses erreurs, son comportement avec les femmes qu'ils désapprouveront, ses longs exils dans des pays éloignés, les rejets d'une grande partie de ses amis. Ils n'ont jamais hésité à partir le réconforter là où ils le savaient malheureux. À cette époque, les voyages lointains n'étaient pas faciles comme ceux d'aujourd'hui. Ils seront jusqu'au bout ses amis les plus fidèles. Pour une ultime visite, ils se rendront à son chevet à Rome au moment de sa mort en 1941.

Malgré moult critiques, et de fortes désapprobations, ils lui ont offert pendant toute sa vie une fidélité à toute épreuve, inspirée par une foi chrétienne vécue en couple. Cet attachement royaliste inconditionnel jusqu'au bout leur vaudra beaucoup de malheurs. En effet, depuis quelque temps on entend de plus en plus souvent dans les rues de Madrid des cris de manifestations violentes, soutenues par le chant de l'Internationale. Les élections de 1931, avec le triomphe des républicains, contraignent le roi à quitter le pouvoir et à s'exiler. Les biens de l'Église sont confisqués. Des prêtres sont assassinés, des églises sont incendiées, des chrétiens tués. La guerre civile avec ses milliers de morts aussi bien chez les nationalistes que chez les républicains va étendre son voile noir sur l'Espagne de 1936 à 1939.

Premier exil

Par la force des événements, la famille de Fabiola, royaliste et connue comme chrétienne, doit s'exiler elle aussi. Don Gonzalo estime que, pour mettre sa famille à l'abri, il faut gagner la ville française la plus proche de la frontière, c'est-à-dire Biarritz. Les enfants ne seront pas dépaysés. Et dès que cela sera à nouveau possible, ils ne seront pas trop éloignés pour retrouver le chemin de la maison familiale.

Quelques semaines plus tard, ils apprennent qu'Alphonse XIII s'est réfugié à Paris. Il faut le rejoindre ! Les voyages en train avec leurs sept enfants ne leur font pas peur.

Après de nombreux déplacements, le roi séjourne maintenant à l'hôtel Meurice, le prestigieux palace de la rue de Rivoli. Toute la famille Mora s'installe dans le grand appartement qu'elle possède 29 rue d'Artois, non loin de l'église Saint-Philippe-du-Roule. Chaque jour, don Gonzalo et sa femme viennent rendre visite au roi, très déprimé.

Malgré les insurrections quotidiennes à Madrid en pleine effervescence, les Mora, avec leur famille nombreuse, décident au bout de quelques semaines de regagner Madrid. Rien n'a l'air de les rebuter pour retrouver le palais de la rue Zurbano. Cependant ce retour au pays sera éphémère. L'arrivée au pouvoir du Front populaire en 1936, des Rouges et tous les troubles politiques endurés par les Espagnols au cours de la guerre civile nécessiteront bientôt un nouvel exil familial.

Deuxième exil

Cette fois-ci, ils trouveront refuge en Suisse, à Lausanne. Installés au bord du lac Léman, ils parviennent à loger tous leurs enfants, deux par deux, à l'hôtel Royal, une résidence luxueuse. Le roi Alphonse XIII et sa femme la reine Victoria-Eugénie, eux aussi, sont installés dans cet hôtel. Ils sont accompagnés de leurs enfants et petits-enfants dont le plus jeune, don Juan Carlos, deviendra plus tard roi d'Espagne. Les enfants qui se connaissent depuis Madrid jouent ensemble au ping-pong et à des jeux de table. Ils ne se sont jamais tant amusés.

Fabiola partage sa chambre avec sa jeune sœur Marie-Luz. Toutes deux garderont un excellent souvenir de ces vacances forcées où leur cohabitation permet beaucoup de confidences, de fous rires, de chansons en duo et de danses espagnoles que leur mère a apprises à ses filles dès leur plus jeune âge.

Dans un premier temps, c'est leur mère qui prend en charge leur éducation. Elle leur enseigne ce qu'on lui a appris dans sa jeunesse comme à toutes les filles de son milieu : l'aquarelle, la formation chrétienne, la lecture, l'équitation. Mais leur exil se prolongeant, elle doit admettre que cet enseignement est insuffisant. Elle se résout à confier ses filles à la meilleure institution chrétienne de Lausanne : l'école des Sœurs de l'Assomption.

Pendant trois ans, Fabiola va suivre une scolarité heureuse loin des déchirements de son pays. Elle perfectionne son français tout en gardant un accent espagnol qu'elle n'arrivera jamais à corriger, elle s'intéresse à ce nouveau mode de vie qu'est la discipline à l'école – qu'elle n'a jamais fréquentée auparavant. Le règlement des religieuses ne lui pèse pas du tout, au contraire. Elle aime mêler sa voix aux leurs à la chapelle et parler de la foi avec elles.

Calvin a beaucoup prêché dans toute la Suisse où le protestantisme tient une grande place. Fabiola se renseigne, aime connaître les grandes lignes des différentes sensibilités protestantes, et plus que jamais elle se veut catholique.

Certes son école est en Suisse, mais la culture française reste omniprésente. Fabiola découvre avec intérêt les grands auteurs français, l'histoire de ce pays proche du sien mais qu'elle connaît encore si peu.

Elle rencontre de nouvelles camarades, elle se fait des amies. Elle a beaucoup de succès car elle leur parle de l'Espagne, de ses couleurs et de ses traditions, des toreros, de ses peintres qu'elle admire, du Greco en particulier. Et surtout, elle danse devant ses jeunes amies suisses le fandango et la jota, créant ainsi autour d'elle des moments joyeux et des fous rires partagés.

Le 28 mars 1939, avec la consolidation du pouvoir du général Franco et son geste d'accueil envers Alphonse XIII et ses amis royalistes, la guerre d'Espagne s'achève. Après un exil de trois ans, la famille Mora peut enfin rentrer au pays. Tous sont très impatients de retrouver Madrid et surtout leur si cher palais de la calle Zurbano rempli de tant de souvenirs. Pendant leur exil, ils l'ont évoqué presque chaque jour.

Hélas ! Le retour est dramatique pour tous. Durant cette absence de trois ans, beaucoup de choses se sont passées. Les femmes révolutionnaires ont forcé les portes. Elles s'y sont installées, y ont mangé, y ont fumé, y ont établi leur quartier général. Tout est sali, pillé, des meubles ont été brûlés pour servir de bois de chauffage. Une odeur d'incendie et de nourriture avariée rend l'atmosphère irrespirable. Les photos de la Pasionaria s'étalent sur les murs et remplacent la collection des tableaux inestimables de l'art espagnol. Par bonheur elle a quand même été sauvée, car des oncles sont parvenus à la cacher dans le grenier de la légation des Pays-Bas.

Les premiers moments de consternation passés, la courageuse maman, doña Bianca, réunit toute sa famille dans la chapelle pour remercier le Seigneur de se retrouver chez eux, tous là au grand complet, en bonne santé. Cette action de grâces en commun est un émouvant moment familial suggéré et organisé par la petite Fabiola qui n'a que onze ans. En bon père de famille, don Gonzalo encourage ses enfants rassemblés et consternés : « N'ayez pas peur ; nous ne baisserons pas les bras. Courage. Nous allons tout reconstruire ! »

Apparemment une accalmie politique s'installe peu à peu en Espagne sous le régime de Franco qui assume tous les pouvoirs. Ceux qui étaient partisans du roi peuvent revenir. Mais déjà les bruits des bottes allemandes qui vont envahir la Belgique et la France se font entendre.

Franco signe un pacte avec le régime nazi. L'Espagne non belligérante sera épargnée. La vie reprend… bien différemment… malgré beaucoup d'hostilité aux longues années de pouvoir franquiste.

Les Sœurs de Chamartin

Fabiola a gardé un souvenir si merveilleux des Sœurs de l'Assomption de Lausanne qu'à son retour en Espagne, elle demande à sa mère de l'inscrire chez les Sœurs de l'Assomption de Madrid. Elle aime cet ordre religieux consacré à l'éducation chrétienne des jeunes filles. Les sœurs sont gaies, chaleureuses et proches de leurs élèves.

C'est une nouvelle et grande page de la vie de Fabiola qui va s'ouvrir. En effet, ce couvent se situe à Chamartin au nord de Madrid. Fabiola doit s'y rendre tous les jours en autobus. Jusqu'à présent, sa mère trouvait toujours quelqu'un pour l'accompagner lors de ses sorties.

Pour la première fois de sa vie, la jeune Fabiola sort seule. Au long de ses trajets, elle découvre une indépendance et une liberté qui la ravissent. Mais à travers les vitres de l'autobus, elle découvre aussi un Madrid ravagé par les décombres de la guerre civile et énormément de misères. Des misères qu'elle ne soupçonnait pas.

Comment aider tous ces malheureux? Comment soulager tant de peines? Ces questions nées dans son cœur au cours de son adolescence la hanteront toute sa vie.

Le premier bal de Fabiola

Pour ses 18 ans, selon la coutume, doña Bianca prépare l'entrée dans le monde de Fabiola. Le temps est venu de la présenter aux jeunes gens de la haute société pour un éventuel mariage. Ses aînés sont déjà mariés. C'est donc maintenant le tour de Fabiola. Sa fille a tout pour elle. Elle est belle, bonne, très instruite. Pétillante de vie et d'intelligence, elle parle plusieurs langues : français, espagnol, italien, allemand. Elle a une foi solide. Portée par la phrase du Christ à la veille de sa mort : « Faites ceci en mémoire de moi », elle va tous les jours à la messe. Mais une autre phrase du Christ l'habite également : « Ce que vous ferez au plus petit d'entre les miens, c'est à moi que vous le ferez. » Aussi elle consacre tout son temps libre à s'occuper des malheureux et à aider les indigents.

Le couturier espagnol Balenciaga est le couturier de la famille Mora depuis ses débuts à Madrid. C'est donc à lui que doña Bianca s'adresse pour habiller sa fille en ce grand jour. Fils d'une mère simple couturière tôt devenue veuve, Balenciaga doit sa réputation à ses premières créations de styliste. Il avait ouvert dès 1933 plusieurs maisons de haute couture à Madrid, mais il avait dû s'exiler pendant la guerre civile. Revenu à Madrid dès la fin des hostilités, il habillait maintenant avec talent non seulement la haute société madrilène, mais aussi des artistes de cinéma et des têtes couronnées. Doña Bianca y était attachée car elle l'avait suivi depuis son enfance et ne pouvait imaginer acquérir une robe nouvelle, ni pour elle, ni pour ses filles, sans qu'elle soit passée par ses mains ! Il confectionne alors une superbe robe vert pâle, pour l'entrée dans le monde de Fabiola.

Le soir du bal, alors que la musique s'élève et que les couples se forment pour les premières danses, tous les yeux sont rivés sur la porte par laquelle Fabiola doit faire une entrée triomphale. Tous les invités attendent son arrivée. Les supputations sur le choix de son cavalier tournent de bouche en bouche et font l'objet de sourires entendus.

Qui sera l'heureux élu ? Certainement va-t-on le découvrir ce soir ! Les paris sont ouverts… Mais tout le monde est déçu : Fabiola ne fait pas son entrée ; elle a disparu. Sa mère est inquiète. On la cherche partout. Où peut-elle être ?

Tous ont oublié que le souci premier de la jeune fille est de se pencher en premier sur les plus délaissés. Dans les frous-frous de sa superbe robe longue, elle a quitté l'entrée de la salle de bal, s'est précipitée vers la cuisine pour embrasser le vieux maître d'hôtel autrichien, fidèle serviteur de sa famille qui depuis longtemps ne quitte plus son logis, en lui glissant à l'oreille : « Je veux que ce soir vous partagiez mon bonheur. » L'attention aux autres, surtout aux plus humbles, sera une des orientations les plus marquantes de toute sa vie.

Fabiola infirmière

Ses études secondaires terminées, Fabiola s'inscrit au service de la santé militaire pour une formation d'infirmière. Sa vocation est de servir les autres. C'est dans ce métier qu'elle pourra le mieux aider les plus faibles de la vie, les blessés et tous ceux qui sont hospitalisés.

Tous les jours elle se rend à l'hôpital où elle se consacre à ses malades avec beaucoup de dévouement, de simplicité et de compétence. Elle obtient sans peine son diplôme en 1958. C'est à cette époque qu'elle s'installe toute seule dans son appartement de la calle Braganza, qu'elle aménage avec amour, comme un petit bijou.

Pour avoir toute son indépendance, elle s'achète aussi sa première voiture qu'elle utilise pour se rendre chaque matin à l'hôpital ; en sortant du travail, elle se rend dans les logis des familles pauvres pour leur apporter de l'aide ou dans des maisons de personnes âgées pour les aider à marcher ou tout simplement pour leur montrer de l'amitié : elle sert les repas, elle n'hésite pas à faire la vaisselle et bien souvent paie les factures.

Musique et écriture

Fabiola désole ses parents car à 25 ans elle n'a toujours pas de prétendant et apparemment ne songe nullement à se marier. Pourtant elle n'est ni triste ni mélancolique. Bien au contraire. Elle est toujours souriante et aimable, dynamique et gaie. Elle laisse comprendre qu'elle a mis sa vie dans les mains de Dieu et que « rien ne saurait manquer où Il la conduit ».

Elle consacre beaucoup de son temps libre à la musique. Non seulement elle joue du piano et de la guitare, mais elle compose ; elle suit des cours d'harmonie. Elle a déjà publié une valse au nom romantique, enregistrée à la société des auteurs : *Le pont des Soupirs*.

> « Sous un pont vénitien
> Pont des amoureux
> Eaux claires
> Passe une vieille gondole… »

Fabiola s'occupe attentivement de ses neveux de plus en plus nombreux. Elle leur raconte des contes qu'elle écrit elle-même à leur intention, des histoires qui les font rêver et les passionnent tellement que des amis lui conseillent de les faire éditer :

> « Il y avait une fois, jadis, dans les temps reculés, et près du pays des fées, une grande forêt de chênes centenaires.
> Dans cette forêt se trouvait une petite maison de bois avec de petites fenêtres vertes et un petit toit rouge vif.
> Dans cette maisonnette habitait une très petite naine, avec son méchant nain de fils. »

Les *Douze contes merveilleux* paraîtront en 1961 chez l'éditeur belge Desclée de Brouwer avec la mention :

« Il a plu à Sa Majesté la reine Fabiola de réserver à l'œuvre nationale de l'Enfance le bénéfice de l'édition de ses *Douze Contes Merveilleux.* »

La mort de don Gonzalo

Toute la famille Mora est très unie et proche de don Gonzalo, leur père vénéré. Pour chacun des enfants il est un guide, un conseiller, un appui solide. Il leur a transmis son intérêt pour la peinture et la musique, il a toujours été gai et courageux dans toutes les circonstances. Il est le pilier de la famille.

Il fait partie des Chevaliers du Saint-Sépulcre de Jérusalem, un ordre prestigieux très prisé par les membres de la noblesse espagnole. À l'époque des croisades, les chevaliers venaient se faire adouber à Jérusalem sur le tombeau du Christ, d'où leur appellation. En 1957, la réunion annuelle des Chevaliers se tient à Madrid à l'église San Francisco El Grande, une des plus belles basiliques de la capitale, contenant des peintures de Goya.

Datant du temps des croisades, le but premier de l'ordre est de faire rayonner la pensée chrétienne par des réalisations concrètes charitables soit en Terre sainte soit dans le pays d'origine des Chevaliers. Tous les ans, au cours d'une petite cérémonie amicale mais prestigieuse, les Chevaliers revêtus de leurs longues capes blanches traditionnelles se réunissent pour évoquer le souvenir de leurs frères morts dans l'année et prier pour eux. Ce jour-là, pendant la cérémonie, don Gonzalo tombe en manquant une marche d'escalier. Ses « frères » se précipitent pour le relever et le raccompagnent à son domicile où doña Bianca et Fabiola prennent soin de lui. Apparemment il n'y a rien de grave. Mais quelques jours plus tard, son état général empirant, il faut l'hospitaliser d'urgence. Une opération s'impose. À la suite d'une mauvaise fracture du col du fémur, on découvre qu'il est victime depuis plusieurs jours d'une hémorragie interne. Il meurt le 22 novembre 1957.

Fabiola souffrira toujours de l'absence de son père. Le jour où elle rencontre Veronica, elle est encore sous le coup de cette disparition brutale. C'est un des premiers événements de sa vie dont elle lui parle longuement.

Chapitre 8

Les suites de la visite de Veronica

Après son entretien avec Fabiola, Veronica reprend tout de suite le premier avion en partance pour Bruxelles afin de donner de vive voix au roi un rapport sur sa démarche.

Elle a été enthousiasmée par la personnalité de Fabiola, certes encore sous le choc de la mort de son père, mais tellement souriante et aimable. Elles ont pris le thé ensemble dans le petit appartement de la Calle Braganza où Fabiola vit seule depuis peu de temps. Elles ont parlé comme si elles se connaissaient depuis toujours. Afin de lui montrer le style de vie d'une célibataire espagnole, elle lui a même fait visiter tout son appartement... Mais l'entrevue en est restée là. Veronica n'a pas laissé entrevoir le but de cette rencontre. Sans doute Fabiola a-t-elle dû se demander pourquoi cette Irlandaise inconnue était venue soudainement la voir à Madrid… mais après tout, elle n'est pas la première étrangère à venir bavarder chez elle…

Au récit de cette rencontre, la première réaction de Baudouin est enthousiaste : « Il faut absolument que je la rencontre, qu'elle vienne à Bruxelles. Retournez à Madrid et cette fois-ci, ne lui cachez plus le but de votre visite. Dites-lui évidemment que son voyage à Bruxelles ne sera en aucun cas un engagement et que chacun, bien sûr, aura le loisir de garder sa liberté. »

Veronica, plus déterminée que jamais, demande une lettre de confiance au cardinal Suenens. Elle la gardera dans son sac s'il le faut, mais en aura certainement besoin à un moment pour prouver l'authenticité de sa démarche.

Quelques jours plus tard, Veronica retourne à Madrid et se présente à nouveau chez Fabiola. Les deux jeunes femmes s'embrassent, les retrouvailles sont chaleureuses. Veronica souhaiterait que Fabiola lui fasse connaître le Carmel de la Colline des Anges dont elles avaient parlé lors de leur premier entretien. « Avec joie », répond Fabiola.

Elles y partent en voiture. Ce Carmel est en effet très cher au cœur de toute sa famille. C'est là que le roi Alphonse XIII a consacré l'Espagne à la sainte Vierge en 1919. Et c'est maintenant un haut lieu de prière. Fondé par une carmélite, mère Maravillas[1], très vénérée en Espagne, les Madrilènes s'y rendent pour ressourcer leur foi au contact de ces religieuses ferventes, joyeuses et attentives à toutes les détresses.

En arrivant, Fabiola rencontre dans le jardin des amies religieuses. Elles bavardent. Pendant ce temps, Veronica va prier à la chapelle. En sortant, Fabiola lui présente ses amies. Alors qu'elle ne les connaît que depuis quelques minutes, Veronica ose leur demander de prier intensément pour une intention très précise et très grave dont

1. Canonisée par Jean-Paul II en 2003.

elle n'a pas le droit de dévoiler le contenu. Personne ne peut imaginer la nature de ce secret qui semble si grave.

Et c'est, agenouillées l'une à côté de l'autre, dans la chapelle, que Veronica sort de son sac et présente à Fabiola la lettre du cardinal Suenens qui explique le but de sa visite et se termine par la phrase :

> « Je ne vous demande rien moins que de marcher sur les eaux et de croire à l'amour de Dieu et de Marie jusqu'au miracle inclusivement[2]. »

Quand Fabiola reçoit cette information, elle la prend très mal. Elle se voit victime d'un complot organisé à son insu et refuse catégoriquement tout contact ultérieur avec Veronica : « Marcher sur les eaux ? Mais on se moque de moi ! Croire au miracle ? Mais à quel miracle ? C'est une mystification. »

Déconcertée, Veronica prie intérieurement. Elle se permet d'émettre l'idée de la dernière chance : « Si vous doutez de la sincérité de ma mission, prenez contact avec le nonce. »

« Non, répond Fabiola... Il n'en est pas question. »

Puis elle se ravise : « ...À moins que ce soit lui en personne qui m'appelle au téléphone et demande à me voir ! »

Averti par Veronica, le soir même le nonce appelle Fabiola ! Il lui confirme l'authenticité de la mission de Veronica ; il lui offre son aide pour motiver un voyage

2. Suenens, *op.cit.*, p. 47.

anodin à Bruxelles, par exemple pour représenter l'Espagne à un congrès international.

Entre-temps, Veronica a reçu de Baudouin une lettre dans laquelle il lui demande de faire tomber les objections de Fabiola et de lui renouveler sa proposition d'une rencontre qui laissera à chacun toute sa liberté.

Fabiola reste quand même très hésitante. Tout cela est tellement étrange et inattendu !

La confiance s'étant presque renouée avec Veronica, Fabiola se défend un peu. Elle cherche à convaincre son interlocutrice que le roi devrait avoir une épouse choisie dans une aristocratie plus élevée que la sienne ; elle suggère même à Veronica des noms de princesses qui seraient bien plus convenables qu'elle pour un mariage royal.

Et enfin elle exprime le fond de sa pensée : « Toutes mes racines sont en Espagne, ma mère est veuve et a besoin de moi. Pour rien au monde, je ne voudrais vivre ailleurs qu'en Espagne. » Déconcertée mais convaincue qu'elle doit mener sa mission jusqu'au bout, Veronica lui fait une proposition plus précise : « Je vous propose de venir un jour chez moi à Bruxelles dans mon petit appartement tout modeste de la rue de Suisse. Acceptez mon invitation et laissez la suite… à la grâce du Seigneur. »

Pourquoi refuser ?

Quand Fabiola apprend à sa famille qu'elle part à Bruxelles pour « un congrès », elle se heurte à la méfiance générale : « Qui donc est cette aventurière inconnue chez qui elle est invitée en Belgique ? »

Deux de ses beaux-frères sont priés d'être ses chaperons pour l'accompagner à l'aéroport ; et ils sont chargés de se renseigner sur cette Irlandaise apparemment originale avec qui elle va s'embarquer !

L'histoire ne dit pas comment s'est déroulée la première rencontre entre Baudouin et Fabiola. Il est très vraisemblable que Veronica a invité très simplement Baudouin rue de Suisse et qu'ils ont dîné ensemble. Il n'est pas exclu que le cardinal Suenens soit venu incognito se joindre à eux et ait célébré l'eucharistie pour eux, car Baudouin y fera allusion dans un récit ultérieur. Au printemps 1960, autour de la toute simple table en bois de Veronica, va naître une grande histoire.

Chapitre 9

Devant la grotte de Massabielle à Lourdes

Dans le petit appartement de la rue de Suisse, lors du dîner tout simple préparé par Veronica, la conversation est revenue sur Lourdes à plusieurs reprises. À la grotte de Massabielle, en 1858, la Vierge Marie s'est révélée à Bernadette, une pauvre petite bergère des environs. C'est simple et c'est grand ! Et depuis plus d'un siècle, les foules s'y rendent pour prier ou pour demander la guérison de leurs malades... ou pour d'autres raisons qui restent dans le secret des cœurs.

Peu de temps après son voyage à Bruxelles, Fabiola éprouve à son tour le besoin de se rendre à Lourdes toute seule sans en avertir quiconque. Son but est de confier son éventuel projet, encore si vague, à la sainte Vierge. Hasard ou volonté ? Elle s'y trouve en même temps que le pèlerinage annuel flamand du diocèse du cardinal Suenens dont Baudouin et Veronica lui ont longuement parlé. Perdue dans la foule, elle observe ce peuple qui l'attire et dont elle sera peut-être la reine un jour. Elle ne dit à personne qu'elle a déjà commencé à apprendre le néerlandais.

Le 6 juin 1960, Baudouin appelle Fabiola au téléphone. Il lui propose une deuxième rencontre, mais cette fois-ci, à Lourdes. Il la rassure : ce ne sera en rien un engagement. Ils ne se sont vus qu'une seule fois ! Chacun sera encore totalement libre de reprendre sa liberté.

La rencontre décisive à Lourdes

À la veille du 6 juillet 1960, la date fixée, Baudouin part en voiture avec Paul, un ami très proche. En route, il lui confie, sous le sceau du secret, le but de son voyage et la rencontre qui s'ensuivra. Paul est éberlué.

Après avoir roulé toute la journée, tous deux dînent le soir à Périgueux, puis continuent leur route jusqu'à Villeneuve-sur-Lot où ils s'arrêtent pour la nuit dans un hôtel. Le lendemain, leur premier soin est de trouver une église pour prier, assister à la messe et communier. Ils savent que cette journée sera décisive tant sur le plan personnel que sur celui de l'avenir de toute la nation dont Baudouin a la responsabilité. Aussi Baudouin tient par-dessus tout à mettre cette journée entre les mains du Seigneur.

Près de Tarbes, pour plus de discrétion, ils échangent leur voiture immatriculée en Belgique contre une voiture de location plus anonyme. Ils vont coucher à Argelès. De son côté, Fabiola arrivera dans la soirée au volant de sa voiture, accompagnée par Veronica. Le voyage de Madrid à Lourdes est long !

Baudouin lui-même a écrit au cardinal Suenens le récit de cette rencontre. Ce compte rendu simple et touchant décrit l'émerveillement de la naissance de l'amour dans un couple : la rencontre d'un homme et d'une femme, leurs premières conversations, leurs premiers pas ensemble dans la vie. Mais aussi, il exprime leur aspiration commune. Dès leurs premières rencontres, Baudouin et Fabiola voudront grandir ensemble dans la foi, prier ensemble et tout remettre dans les mains du Seigneur. Pour un couple royal qui sait avoir la responsabilité d'un pays, c'est aussi humble que grand.

Baudouin, qui par petites touches découvre la personnalité de sa future épouse, écrit :

> « Il est 19 heures lorsque l'Aronde verte apparaît. Après présentation rapide nous nous engouffrons dans un petit chemin désert, à deux, et pendant près de trois heures, nous ferons le point de la situation en nous racontant tout ce qui s'était passé et pensé depuis la rue de Suisse. Le contact avait été de nouveau immédiat et merveilleux et la confiance réciproque : en quelques minutes l'amitié dans les deux sens avait déjà grandi et nous comptions tous les deux sur Notre-Dame de Lourdes pour faire en sorte que nous puissions dire oui l'un à l'autre avant la fin du séjour qui était fixé au 10. Après un dîner à quatre dans un charmant restaurant, nous sommes allés à la Grotte. Après y avoir prié, nous avons marché sur l'esplanade le long du Gave jusqu'à très tard dans la nuit. C'était vraiment le prolongement de la conversation de la rue de Suisse en nous étudiant l'un et l'autre de l'intérieur. J'aimais chacune de ses remarques et de ses réactions :

de plus en plus j'avais la conviction que Fabiola avait depuis toujours été choisie par la Très Sainte Vierge pour devenir ma femme, et je m'en sentais infiniment reconnaissant à Elle et à son si cher instrument Veronica.
Le 7 au matin, nous nous retrouvons dans la crypte et suivons, l'un à côté de l'autre, comme un mois auparavant à la rue de Suisse, la Sainte Messe. En fait ce furent plutôt deux messes qu'une car le temps passait vite et il faisait bon de se sentir près du Maître et de la Très sainte Vierge et de nous confier entièrement à eux. Inutile de vous dire que j'ai beaucoup pensé à vous dans ce lieu saint que vous aimez tant. Ensuite nous passons la journée en voiture lorsqu'il pleut (une petite dauphine jaune pâle avec de très mauvais freins mais avec une marche arrière) – et il a beaucoup plu pendant que nous étions à Lourdes ! On a marché, ce qui favorise la conversation.
Souvent Fabiola me posait des questions et je me rendais compte que c'était à chaque fois un test, car la réponse qui allait souvent de soi l'intéressait moins que la manière de répondre ; elle est très réfléchie et perspicace ; je l'aime de plus en plus.
Ce qui me plaît de plus en elle, c'est son humilité, sa confiance en la Très Sainte Vierge et sa transparence. Merci de me l'avoir amenée. Je sais qu'elle sera toujours un grand stimulant à aimer Dieu toujours plus. »

Baudouin comme Fabiola ont une conception semblable du mariage : ils savent que leur couple ne pourra exister que s'il prend ses racines en Dieu. Pour l'un comme pour l'autre le mariage est grand. Il est l'Alliance éternelle d'un homme et d'une femme avec Dieu. C'est pourquoi le soir même, après avoir dîné ensemble, ils se retrouvent devant la Grotte pour dire le chapelet avant de se quitter et se rendre chacun dans son hôtel. Ils n'ont pas encore assez d'intimité pour oser prier ensemble spontanément à haute voix; le chapelet est une aide précieuse, moins personnelle.

Toute la soirée Baudouin, de plus en plus ébloui et amoureux, demande à Dieu de l'aider à trouver le bon moment pour déclarer son amour. Il sait que ce temps de leur rencontre à Lourdes est très court et pourra être décisif.

L'engagement

Le lendemain matin, ils ont rendez-vous pour participer à une eucharistie. Après avoir pris ensemble le petit déjeuner et marché le long du Gave, ils vont ensuite tous les deux faire une longue promenade sous les arbres, vers Argelès. Autour de Lourdes, la nature est belle et verdoyante en cette matinée du mois de juillet. Les oiseaux chantent, les fleurs des champs mettent des taches de couleurs dans les prés. Dans le lointain, on entend les cloches du sanctuaire... Tous deux conscients de la grandeur du moment se taisent. Au milieu de la promenade, Fabiola tout à coup s'immobilise; gravement elle propose de dire tous deux ensemble trois *Ave Maria* pour remercier le Seigneur et la sainte Vierge de leurs «gentillesses» envers eux deux.

Que veut-elle signifier ? Que faut-il comprendre par ces mots : « leurs gentillesses » ?

Puis ils reprennent leur marche l'un à côté de l'autre. En silence. L'heure est trop grave pour de grands discours. Tous deux éprouvent secrètement l'impression de vivre un moment décisif de leur existence. Au bout de quelques minutes de marche, Fabiola s'arrête une deuxième fois, puis regardant Baudouin dans les yeux elle lui dit avec son grand sourire : « Cette fois-ci, c'est oui et je ne veux plus regarder en arrière. »

Baudouin écrit :

> « C'était trop beau, j'avais envie de pleurer de joie et de reconnaissance à l'égard de notre Maman du ciel qui avait fait un nouveau miracle et de Fabiola qui s'était si gentiment laissé conduire par la main de Notre-Dame de Lourdes. »

Quand ils retrouvent leurs amis au rendez-vous fixé au bout de la forêt, ils marchent déjà en se donnant amoureusement le bras, doucement appuyés l'un sur l'autre. Fabiola avec son sourire radieux leur annonce qu'ils sont fiancés.

C'était le 8 juillet 1960, date inoubliable que l'un et l'autre fêteront ensemble chaque année en remerciant Dieu de leur avoir offert un tel cadeau. « *Magnificat* » !

Les devoirs d'un roi

Mais Baudouin n'a pas le temps de savourer son bonheur en prolongeant son séjour à Lourdes. Il doit rentrer d'urgence à Bruxelles. Avant toute chose il est le roi des Belges. Des nouvelles lui parviennent du Congo jusqu'à présent toujours colonie belge. Patrice Lumumba a pris la tête du gouvernement ; l'indépendance qui se prépare depuis longtemps sera proclamée dans quelques jours.

Baudouin veut vivre cette période douloureuse en chrétien ; sans doute en a-t-il parlé avec Fabiola. Tous deux estiment que son devoir consiste à assister à la cérémonie afin de créer des liens avec le nouveau gouvernement. Dans son discours, après avoir évoqué les apports de la Belgique au Congo par les soins de son père, il termine par des paroles qui se veulent porteuses de paix :

> « Mon pays et moi-même, nous reconnaissons avec joie et émotion que le Congo accède, en plein accord et amitié avec la Belgique, à l'indépendance et à la souveraineté internationale. Que Dieu protège le Congo ! »

Lumumba répondra à ses paroles avec haine et une extrême violence. En raison de cette crise politique où le peuple belge soutient son roi, l'annonce officielle des fiançailles est repoussée.

C'est un chagrin et une épreuve pour les nouveaux fiancés tout à la joie de partager avec tous leur belle histoire d'amour. Mais confiants dans les signes de Dieu dans leurs vies, Baudouin écrit :

« Maintenant, alors que tout était prêt pour annoncer le 21, Notre-Dame a permis que les événements s'opposent à une telle annonce. Merci mon Dieu. Je crois que tout cela je n'aurais pas pu le comprendre, si juste à temps vous ne me l'aviez expliqué[1]. »

1. Suenens, *op.cit.*, p. 58.

Chapitre 10

Fiançailles

Depuis le retour de ce voyage assez mystérieux pour elle, doña Bianca ne reconnaît plus sa fille. Elle se rend bien compte qu'il s'est passé quelque chose, mais elle ne devine pas ce dont il s'agit. Au cours de ses visites quotidiennes à sa mère, Fabiola reste silencieuse face aux interrogations maternelles, tout en parvenant difficilement à dissimuler son bonheur.

Doña Bianca se pose mille questions :

« Aurait-elle un prétendant ? Peut-être, mais si c'était le cas, il serait venu me demander sa main. Les choses se sont passées ainsi pour ses sœurs. »

« Quelle drôle d'idée elle a maintenant d'apprendre le néerlandais ? Quand on habite en Espagne, et qu'on parle déjà cinq langues, à quoi cela peut-il servir ?! »

« Elle qui ne regarde jamais la télévision voilà qu'elle regarde maintenant les matchs de foot en Belgique, et qu'elle se passionne pour les événements du Congo ! » (Elle ne sait pas encore l'appeler le Zaïre.)

Fabiola sourit, elle est plus rayonnante que jamais mais elle reste silencieuse : elle estime que c'est Baudouin le premier qui doit parler à sa mère. Ce n'est pas à elle. Et le soir du 15 août 1960, enfin le téléphone sonne : le roi Baudouin de Belgique demande à doña Bianca la main de sa fille !

Doña Bianca exulte : « Ma fille va être reine. Comme son père aurait été heureux de l'apprendre lui qui disait toujours que seuls les rois étaient capables de gouverner un pays » !

Mais son bonheur se voile aussitôt d'une certaine tristesse : « Ma fille va me quitter, elle qui venait dîner chaque jour avec moi. Nous avions l'habitude de prier tous les soirs ensemble avant de nous séparer ! Elle va aller vivre à Bruxelles ; ce sera pour elle, comme pour moi, une autre vie. »

Baudouin écrit :

> « Dieu nous demande d'aimer les hommes avec son Amour, de les regarder avec ses yeux, de les écouter avec ses oreilles, de leur parler avec ses paroles. Seigneur, nous désirons cela, Fabiola et moi, de toute notre âme[1]. »

Les présentations

Quelques jours plus tard, le 15 septembre 1960, à l'invitation de Baudouin, doña Bianca et Fabiola partent en voiture avec Gonzalito, le frère aîné de la famille. Ils se rendent en Belgique pour les présentations familiales. Elles se dérouleront au château de Ciergnon, une propriété

1. *Ibid.*, p. 87.

royale très chère au cœur de Baudouin, toute remplie des souvenirs des quelques années de son enfance heureuse avec sa mère.

La route est longue de Madrid à Bruxelles. Il est nécessaire de s'arrêter à Paris pour passer la nuit à l'hôtel Crillon, lieu de séjour habituel de la famille Mora. La vue sur la place de la Concorde est une des plus belles images de Paris, particulièrement chère à Fabiola qui, depuis son enfance, a une prédilection pour les beautés de la capitale française.

Depuis deux jours la pluie n'a pas cessé. Le 16 septembre, un brouillard épais obscurcit le ciel et multiplie les obstacles sur la route. À Ciergnon, Baudouin est inquiet. Tout le monde est arrivé sauf... Fabiola et sa famille. Pourquoi sont-ils si en retard ? Il va et vient et finalement reste sous la pluie devant le perron pour être le premier à accueillir sa fiancée. Dès que la voiture s'immobilise sur les graviers, il se précipite. Respectueusement, il aide d'abord doña Bianca à descendre.

À la vue de Fabiola, au moment de parler il est tellement empli d'émotion qu'il ne peut que balbutier : « Vous… vous… enfin ! »

Puis : « Quel temps affreux pour voyager. Vous devez être épuisée, rentrons vite à l'intérieur. »

Quand Fabiola s'aperçoit qu'il est trempé, c'est elle qui s'inquiète : « Vous nous avez attendus dehors, ce n'est pas raisonnable. Vous allez prendre mal. » Cette attention à l'autre sera, toute leur vie, une des priorités de leur couple.

Un bon feu de cheminée réchauffera tout le monde. Léopold et Liliane remplissent les fonctions de maîtres de maison. Le roi, qui jusqu'à présent se montrait toujours triste, est méconnaissable tellement il a l'air heureux et amoureux.

Après le repas, Baudouin fait visiter le château de son enfance à sa bien-aimée. Dans le parc où un soleil pâle a fini par revenir, tous deux remercient le Seigneur pour tant de bonheur. Baudouin écrit :

> « Pourquoi, Seigneur, as-tu bougé le Ciel et la terre pour me donner cette perle précieuse qu'est ma Fabiola ?
> Elle a une manière d'être avec les gens, qui est idéale. Elle est tellement attentive, tellement toute aux autres que je comprends qu'on l'adore, Seigneur merci[2]. »

L'annonce officielle

Ce même 16 septembre 1960, à 12 h 20, alors que la radio belge diffuse le nouveau succès de Dizzie Gillepsie, la musique est tout à coup interrompue. Après un long moment de silence, le Premier ministre vient au micro et annonce d'une voix grave et solennelle :

> « J'ai la joie profonde de pouvoir annoncer au pays l'heureuse nouvelle des fiançailles de Sa Majesté le Roi avec doña Fabiola de Mora y Aragon, fille de feu don Gonzalo de Mora y Fernandez, comte de Mora, marquis de Casa Riera, et de doña Bianca d'Aragon.

2. *Ibid.*, p. 66.

> La décision de Sa Majesté a été chaleureusement approuvée par le gouvernement.
> Je suis convaincu que cet heureux événement sera accueilli avec allégresse par toute la population qui partagera de tout cœur le bonheur de son souverain bien-aimé.
> Le gouvernement et le peuple belge tout entier adressent aux fiancés royaux leurs plus respectueuses félicitations, ainsi que leurs vœux fervents de parfait bonheur. Ils y associent la famille royale de Belgique et la famille de la future reine des Belges.»

Le peuple belge est sidéré et enchanté d'apprendre cette nouvelle attendue depuis tellement longtemps qu'il n'osait plus y croire. Depuis la mort de leur reine Astrid tant aimée, ils n'avaient plus de reine. Enfin Baudouin va se marier!

La nouvelle se répand rapidement dans le monde entier. La presse universelle s'en empare et partage la joie du peuple belge. Des drapeaux rouge et or, aux couleurs de l'Espagne, se hissent rapidement sur les balcons de Bruxelles en fête. On entend crier partout : «Vive la reine», «Vive l'Espagne». On danse sur la Grand-Place de Bruxelles et dans les rues. C'est la joie générale.

Personne ne connaît encore le long cheminement spirituel qui les a amenés l'un vers l'autre. Le cardinal Suenens le nommera plus tard : *Les Imprévus de Dieu*[3].

Et tout le monde aussi bien en Belgique qu'en Espagne se lance dans les préparatifs de ce mariage qui promet

3. Titre d'un de ses livres paru en 1993 chez Fayard.

déjà d'être une grande fête nationale. La présentation à la presse est prévue pour le lendemain 17 septembre 1960. Dès l'aurore des grappes de journalistes, de photographes, de cameramen de tous horizons s'accrochent aux grilles du château.

Quand Fabiola les découvre, elle ne peut dissimuler un geste de surprise, presque de recul. Mais très vite elle se reprend et sourit à tous. Sa fine silhouette est mise en valeur par un petit tailleur bleu clair très élégant. À son doigt brille la bague d'émeraude offerte la veille par son fiancé. Cette émeraude, ayant appartenu à la reine Astrid, restait pour Baudouin comme une relique triste au fond d'un écrin. Une petite fille lui offre un bouquet de fleurs des champs cueillies par les écoliers de Ciergnon pour leur future reine. «Je me sens déjà des vôtres» s'écrie spontanément Fabiola devant toutes ces marques de bienvenue, de joie et d'amitié.

À Bruxelles, le bourgmestre fait coller dans les rues des affiches destinées à la population :

> «Mes chers concitoyens,
> C'est avec joie que vous avez appris les fiançailles de Sa Majesté le roi Baudouin avec doña Fabiola de Mora y Aragon. Je suis convaincu que toute la population bruxelloise accueillera avec enthousiasme cet événement heureux et partagera la félicité des fiancés royaux ainsi que celle de leur auguste famille. Elle leur adresse ses vœux les plus ardents de bonheur parfait. J'invite tous mes concitoyens à manifester leur allégresse en pavoisant les immeubles.»

Le 24 septembre au Palais royal, Baudouin et Fabiola reçoivent toutes les personnalités politiques, religieuses, scientifiques de Bruxelles. C'est une belle cérémonie solennelle où Baudouin admire la facilité et le naturel avec lesquels Fabiola accueille chaque personne inconnue pour elle, et s'intéresse à sa conversation.

En début d'après-midi toute la population en liesse défile dans les rues de la capitale pour accueillir sa nouvelle reine ; drapeaux aux couleurs de l'Espagne, concert de klaxons, cris d'enthousiasme, sonnettes de vélos, pluie de confettis, serpentins, rien n'est trop beau pour fêter le bonheur de leur roi et accueillir sa fiancée. Pour Baudouin, ce n'est pas seulement une manifestation officielle selon une tradition bien établie. C'est la joie spontanée d'un peuple qui aime son roi et se réjouit de le voir enfin heureux et amoureux. La population qui a si souvent partagé sa peine peut enfin en ce jour partager sa joie.

Fabiola reçoit des fleurs, répond par des baisers envoyés en direction de la foule, sourit généreusement à ceux qui l'acclament. Elle aime déjà ces Belges qui l'accueillent avec tant de chaleur et d'enthousiasme. Avec tout l'amour dont elle se sent capable, elle sait déjà qu'elle leur consacrera toute sa vie.

Chapitre 11

Les adieux à Madrid

Le mariage est prévu deux mois plus tard, le 15 décembre 1960. Pour préparer un mariage royal il faut du temps ; mais pour quitter pour toujours un pays où l'on a toutes ses racines et faire ses adieux à tout le monde, deux mois paraissent un délai très court. Depuis que la population espagnole a appris que Fabiola allait devenir reine des Belges, les alentours de la calle Zurbano sont pris d'assaut chaque jour. Tout le monde veut la voir, la toucher, lui parler. Sans compter les journalistes qui photographient la moindre de ses sorties. Fabiola se veut toujours accueillante car elle comprend que ce sont des signes simples d'amitié ou de sympathie.

Baudouin a mis un DC6 à sa disposition pour faciliter ses voyages avec la Belgique. Il ne va pas rester deux mois sans revoir sa fiancée ! Et tant de choses sont à mettre au point avant la grande cérémonie de leur mariage auquel tout le peuple belge sera invité.

Le 30 novembre Madrid fait ses adieux solennels à celle qui va les quitter. Une cérémonie officielle est organisée. Une voiture noire escortée de motocyclistes vient chercher

Fabiola au palais Mora comme si elle était déjà reine ! Elle la conduit à l'hôpital où il n'y a pas si longtemps encore elle se rendait tous les matins pour faire des piqûres, des toilettes et pour apporter du réconfort aux malades. Cérémonie émouvante car désormais l'hôpital portera le souvenir du nom de son père : Hôpital du comte Mora.

Plus tard dans la soirée, au cours d'une autre cérémonie, elle reçoit le titre de citoyenne d'honneur de la ville de Madrid. À l'Hôtel de Ville où toutes les notabilités de la ville sont massées, la foule acclame celle qui sera reine dans quelques semaines. On lui remet de nombreux cadeaux, certains sont de grande valeur, d'autres plus humbles, infiniment touchants car ils ont été faits avec beaucoup d'amour.

Par les mains de son épouse, Franco lui offre un diadème en diamants, ce qui étonne ou blesse certains assistants qui n'ont jamais accepté l'accession au pouvoir du Caudillo. Ils sont scandalisés que leur Fabiola ait accepté un cadeau de ce dictateur.

Une petite fille lui tend un panier de fleurs en lui souhaitant de mettre au monde de nombreux enfants. « Dieu vous entende » répond la future reine. Son rêve le plus cher ainsi que celui de Baudouin est d'avoir une famille nombreuse.

Pour ses derniers jours à Madrid, Fabiola veut se consacrer aux vieillards que depuis des années elle va voir à l'hospice. Elle sait qu'ils l'attendent. Ils la reçoivent les larmes aux yeux. En guise de cadeau d'adieu, ils ont constitué un petit orchestre avec les moyens du bord et les voix qu'il leur reste ; à l'aide de castagnettes, de chants et de claquements de doigts, ils esquissent l'air de la

Brabançonne, son futur chant national ! Délicate attention pour la nouvelle reine des Belges !

Dans son grand sac qui l'accompagne toujours, elle leur apporte comme à son habitude moult friandises, chocolats, petits gâteaux. Certains pleurent :

« Vous allez nous quitter pour toujours ? »

« Nous attendions tellement vos visites ! »

« Qui va me donner le bras maintenant pour me faire marcher dans le couloir ? »

« Qui m'apportera des fruits frais quand vous ne serez plus là ? »

« Qui me lira le journal ? »

La Mère Supérieure essaie de plaisanter : « À qui vais-je m'adresser maintenant quand je n'aurai plus d'argent pour payer la note du boulanger ? »

Certains rient pour cacher leur émotion. D'autres laissent couler leurs larmes sur leurs joues ridées. Fabiola embrasse chaque vieillard. Elle manifeste une tendresse particulière pour les plus pauvres, pour ceux qui sont complètement seuls dans la vie, pour ceux qui comptaient les heures avant sa visite. Tous lui promettent : « On regardera votre mariage à la télévision. On sera tous autour du poste ! Nous sommes tellement fiers d'être vos amis ! »

Le 5 décembre, la date du départ de Fabiola pour Bruxelles, arrive très vite. Très émue de tourner cette longue page de sa vie et de quitter l'Espagne, elle s'apprête à pénétrer seule et incognito dans le hall de l'aéroport Barajas de Madrid. À sa grande surprise, des milliers de Madrilènes sont venus devant le Terminal pour l'acclamer.

Jusqu'au moment où elle accède au sommet de la passerelle, ils scandent tous ensemble : « Vive la reine Fabiola » « Soyez heureux ». Elle se retourne, leur fait un geste de la main et leur crie simplement : « Vive vous ! » Une salve d'applaudissements lui répond.

Quand l'avion s'élève dans le ciel, la future reine des Belges regarde à travers le hublot s'éloigner son Madrid, le cadre aimé de toute sa jeunesse, celui de toute sa vie. Malgré quelques larmes dans les yeux, désormais la page est tournée. Une autre s'ouvre : à son arrivée à Bruxelles, Baudouin impatient et rayonnant de joie se tient debout sur le tarmac. Dès qu'il le peut, il se précipite dans l'avion pour un moment de retrouvailles intimes, loin des objectifs des journalistes déçus.

Enfin sa reine ne le quittera plus !

Avec tout son amour pour sa bien-aimée, il la confie au Seigneur. Il écrit[1] :

> « Seigneur, remplis Fabiola de ta sainteté. Qu'elle vive de ta joie et de ta paix. Apprends-moi à l'aimer avec ta tendresse… Qu'elle se sache aimée d'un amour de prédilection par Toi. Merci de m'avoir donné ce trésor. Augmente en moi pour elle l'Amour qui vient de toi. »

1.Léon-Joseph Suenens, Le roi *Baudouin, Une vie qui nous parle,* Éditions Fiat, 1995, p. 67

Chapitre 12

15 décembre 1960, le mariage

Ce matin-là, il fait un temps glacial à Bruxelles. Dès l'aube, la foule des Bruxellois emmitouflés envahit rues et trottoirs sur le passage prévu du cortège. Un peu avant neuf heures, la limousine noire de Baudouin en uniforme de commandant en chef de l'armée belge déclenche les premiers applaudissements.

Peu de temps après, Fabiola portant le diadème de la reine Astrid s'avance à ses côtés, diadème doublement symbolique. Pour Baudouin, il est un peu la présence de sa mère en ce jour, mais il souligne aussi la continuité. Et pour le roi qu'il est, les neuf brillants qui ornent le diadème symbolisent les neuf provinces belges dont il est responsable. Depuis la mort de sa mère, il le conserve précieusement pour ce grand jour.

Tous les regards sont tournés vers la nouvelle reine dans sa longue robe de soie blanche dessinée par Balenciaga. Elle est superbe, rayonnante et a l'air tellement heureuse !

La cérémonie civile se déroule dans la salle du Trône où se pressent toutes les têtes couronnées d'Europe.

La veille déjà, une somptueuse réception les avait réunies au palais royal où les fiancés avaient ouvert le bal très tard dans la soirée. Comme lors de tous les mariages civils, le bourgmestre de Bruxelles lit les articles du Code civil, puis procède à l'échange des consentements : « Sire, Votre Majesté déclare-t-elle prendre pour épouse doña Fabiola Fernanda Maria-de-las-Victorias Antonia Adelaída Mora y Aragon ? »

Avant de répondre le « oui » traditionnel, Baudouin respectueusement et affectueusement se tourne vers son père qui répond par un geste d'approbation. À son tour Fabiola aura le même geste de tendresse et de délicatesse envers sa mère et son frère aîné Gonzalito.

« Au nom de la loi, je vous déclare unis par le mariage. »

À leur sortie retentit la Brabançonne, l'hymne national belge, tandis que la foule qui brandit des drapeaux rouge et or aux couleurs de l'Espagne, les acclame longuement. Civilement, Fabiola est désormais reine des Belges. Elle n'ignore pas toutes les responsabilités qui incombent au couple qu'ils forment et qu'ils vont remettre quelques minutes plus tard dans les mains de Dieu.

Une foule immense les attend tout le long du cortège qui les amènera à la prestigieuse cathédrale gothique Saints-Michel-et-Gudule, cœur chrétien de la Belgique, où se déroulent traditionnellement les événements de la famille royale. Pour la première fois le mariage est retransmis en Eurovision par la télévision belge. Des millions de spectateurs de tous les pays d'Europe pourront y assister.

Parmi eux, celle qui a été à l'origine de tout : Veronica O'Brien. Par discrétion, elle a désiré ne pas être à la cathédrale en ce jour où elle aurait pu assister à l'accomplissement de ses démarches. Elle a bien sûr envoyé ses vœux et l'assurance de ses prières avec la promesse de suivre toute la cérémonie devant son écran de télévision. Dans son esprit, elle n'a été que la servante du Seigneur. Le nonce de Madrid, qui avait été son « complice » lors des premières rencontres du couple il y a quelques mois alors que tout était encore si improbable, lui écrit :

> Chère Mlle O'Brien,
>
> Combien de fois j'ai pensé à vous ces derniers temps. Vous êtes restée dans l'ombre comme il fallait. Cela me fait rappeler le récit d'un Monseigneur Florentin qui, après avoir exposé les détails des fêtes solennelles célébrées à Rome à l'occasion du retour du pape de la captivité d'Avignon, se référant à Sainte Catherine de Sienne, (l'instrument providentiel de ce retour) qui était absente, ajoutait : "Une seule personne y manquait, qui resplendissait par son absence..." Vous avez achevé dans le silence et la prière ce que vous aviez commencé comme instrument de la Providence.
> Je vous bénis de tout cœur.
> Priez pour moi
> Votre in Christo
> + I. Antoniutti[1]

1. *Op.cit.*, p. 62.

Quand Fabiola s'avance dans l'immense nef au bras de Baudouin, dix enfants sont chargés de soutenir sa longue traîne qui glisse lentement sur le tapis rouge formant un long cortège. Pour les futurs époux, la traversée de la cathédrale au milieu de tant de têtes couronnées et de membres de la haute aristocratie n'est pas une parade mondaine. C'est d'abord un moment très grave de leurs vies dont ils ne veulent pas être distraits par les exigences de la cérémonie.

Depuis des mois, ils ont longuement réfléchi ensemble à la grandeur du sacrement de mariage et à la portée de leurs engagements. Avec des cœurs d'enfants confiants dans leur Père du Ciel, ils s'avancent lentement dans la nef, sachant qu'ils vont s'unir devant Dieu. Ils viennent pour sceller avec lui une alliance pour l'éternité, une alliance aussi forte que toutes celles de l'Ancien Testament qu'ils connaissent bien. Aujourd'hui le Seigneur leur dit à travers toute la pompe de cette cérémonie : « Je serai votre Dieu et vous serez mes enfants. »

Ils vivent tous deux un moment très grand et très émouvant qu'ils ont préparé avec soin depuis leurs premières rencontres. Avec la certitude de la présence du Seigneur dans leurs vies, ils viennent mettre leur amour dans ses mains, lui demander son aide et sa protection, lui confier leurs vies.

Ils savent aussi qu'ils vont s'engager, au nom de ce que Jésus a prescrit dans les Évangiles, à se mettre au service de tout un peuple, et spécialement des plus malheureux, quels que soient les obstacles rencontrés. Pour eux c'est une vocation royale, un sacerdoce accepté en toute connaissance de cause et un engagement sans retour.

À mi-chemin de la longue nef, leur ami, Mgr Suenens, s'avance vers eux, leur ouvre les bras en signe d'accueil paternel et les accueille avec son grand sourire et son langage fleuri : « Que Dieu répande sur vous la rosée de sa grâce. »

Après avoir promis l'un après l'autre qu'ils étaient venus devant l'autel « librement et de plein gré », ils écoutent assis sur les fauteuils recouverts de velours écarlate, la lecture par le nonce du texte accompagnant la bénédiction apostolique du pape Jean XXIII :

> « Nous avons reçu l'annonce de l'heureux mariage qui doit se célébrer en décembre prochain de Sa majesté Baudouin Ier, roi des Belges, avec la très noble dame Doña Fabiola de Mora y Aragon. Cet événement mémorable dans l'histoire de votre pays, qui réjouit si grandement et à juste titre tous vos compatriotes, nous procure à nous aussi une immense joie. Car nous portons au peuple belge un amour très vif et nous connaissons parfaitement les brillantes qualités d'âme qui sont l'apanage de votre catholique roi et de sa très pieuse épouse, qui constituent pour notre cœur de père une vraie consolation. Il est donc naturel qu'en cette si heureuse occasion, nous tenions à donner un témoignage particulier de notre bienveillance et nous associer ainsi à l'allégresse générale[2] [...] »

2. Cité par SEGUY ET MICHELLAND, *Fabiola, la reine blanche,* p. 112, éditions Bayard, 1995.

Le vieux cardinal archevêque de Malines prend alors la parole, et après un long panégyrique sur l'ascendance royale de Baudouin, il s'adresse à la nouvelle mariée :

> « Madame, vous prendrez rang avec honneur dans la galerie historique des épouses et mères de nos rois. Sire, Madame, désormais indissolublement unis l'un à l'autre par les liens les plus sacrés, vous accomplirez ensemble votre voyage terrestre, mettant en commun vos pensées et vos sentiments, vos joies et vos peines, tous vos intérêts et toutes vos espérances... Vous êtes venus en effet dans cette antique collégiale pour demander à celui dont dépendent toute vie et toute grandeur, la consécration de l'alliance que vous allez contracter par le sacrement de mariage... Au nom de cette illustre assemblée... au nom de la Belgique tout entière... je vous présente les souhaits fervents d'une vie conjugale longue, heureuse et bénie[3]. »

Arrive le moment solennel de l'engagement devant Dieu selon le rite commun : « [...] Unissez-vous maintenant par les liens du mariage. Donnez-vous la main et dites après moi : « Moi Baudouin je me donne à vous Fabiola », phrase que Baudouin reprendra avec un tutoiement plus affectueux : « Moi Baudouin je me donne à toi, Fabiola », tutoiement repris volontairement par Fabiola quelques minutes plus tard.

La messe sera célébrée par le cardinal Suenens. La sortie de la cathédrale se fait sous la haie des sabres de

3. Op. cit., p. 110-115.

soixante officiers appartenant aux trois armées pendant que retentit sous les voûtes centenaires la fugue en ré mineur de Jean Sébastien Bach.

Dès que les mariés apparaissent sous le porche, le bourdon de Saints-Michel-et-Gudule ainsi que toutes les cloches des églises de la capitale se mettent à carillonner ensemble, les canons tirent des salves d'honneur, des lâchers de pigeons forment une sorte d'envolée de fusées blanches en plein jour.

La foule qui depuis des heures trépigne dans le froid glacial pour vivre ce moment inoubliable de son histoire, leur réserve une ovation immensément longue et joyeuse. Elle scande inlassablement : « Fa-bio-la, Fa-bio-la, Fa-bio-la », « Vive le roi », « Vive la reine ».

Très émue devant un tel accueil et une telle joie, la nouvelle reine sourit. Elle voudrait être plus démonstrative et saluer plus chaleureusement mais ses mains gantées sont encombrées par une longue gerbe de fleurs blanches. C'est alors que Baudouin comprend la situation. C'est lui qui prend les fleurs dans ses bras. Fabiola peut ainsi saluer longuement la foule avec ses deux bras largement ouverts près d'un mari souriant qui porte les fleurs !

Tout le long du trajet qui les ramène au Palais royal la foule ne cesse de les acclamer. À travers les vitres de la limousine, elle aperçoit Baudouin rayonnant de joie, lui que tout le monde surnommait « le roi triste ». Quant à leur nouvelle reine, son sourire semble tellement sortir tout droit de son cœur qu'il touche tous les Belges.

Dès que la voiture regagne le Palais royal la foule scande : « Au balcon, au balcon ». En dépit du froid glacial, elle scandera cette demande pendant un temps plus long que prévu car le déjeuner de gala pour tous les invités royaux est long à se mettre en place.

Vers quinze heures, le nouveau couple royal s'avance sur le balcon. C'est du délire ! Pour céder toute la place à son épouse, Baudouin recule délicatement de quelques centimètres : « C'est elle leur reine. » Longuement elle lève les bras, fait des signes et des sourires dans toutes les directions pendant que Baudouin la protège du froid en lui recouvrant les épaules de son léger voile blanc. La chaleur des acclamations et des applaudissements ne s'apaisera que lorsque les époux se retireront.

Avant de prendre l'avion pour leur voyage de noces, alors que personne ne s'y attend, ils font ensemble une courte déclaration à la télévision qui sera diffusée dans les deux langues au Journal de vingt heures à la grande surprise de la population, infiniment touchée :

Baudouin : « Nous sommes unis désormais pour vous servir et contribuer de notre mieux au bonheur de chacun de vos foyers. Comme le dit Saint-Exupéry : "Aimer ce n'est pas se regarder l'un l'autre, mais c'est regarder tous les deux dans la même direction". »

Fabiola : « Merci pour votre inoubliable accueil. Désormais mon cœur et ma vie appartiennent non seulement à mon époux, mais à vous tous. »

L'avion des jeunes mariés atterrira ce même jour à 22 h 35 à l'aéroport espagnol de San Pablo. Ils prendront ensuite la route de Cordoue pour aller passer leur lune de miel à San Callisto au-dessus de la plaine du Guadalquivir. Près d'un Carmel, Marie Luz, la jeune sœur de Fabiola, leur a ouvert sa maison.

Chapitre 13

Le couple royal à l'écoute de son peuple

Leur retour en Belgique est prévu pour le 6 janvier après les fêtes. Mais, informés chaque jour de mouvements sociaux dans la population belge, ils rentreront une semaine plus tôt, dès le 29 décembre. « Il n'est pas possible de rester à l'étranger alors que notre peuple souffre. »

En effet, au début de l'année 1961, les grèves se multiplient en Belgique pour dénoncer « la loi unique » visant une augmentation d'impôts et reculant l'âge de la retraite. Les dissensions entre Flamands et Wallons réapparaissent et engendrent des mouvements de rue inquiétants. Des émeutes commencent. À Liège on voit inscrit sur les murs : «Vive la République.» Pour les débuts de Fabiola, nouvelle épouse du roi, c'est comme une gifle.

Le cardinal Van Roey, archevêque de Malines, lance un appel au calme, mais immédiatement une manifestation s'organise contre lui… Que de souffrances ! Que d'attentes ! Et que de haines ! Tous deux vivent ces affrontements très tristement.

Pendant de longues heures, enfermé dans son bureau avec ses conseillers, le roi gère au mieux ces conflits difficiles. Il essaie de comprendre toutes les attentes en se mettant à la place des plus démunis. La justice doit l'emporter. Mais les violences se trouvent à leur porte. À Liège, des autobus sont renversés, des pavés arrachés pour servir de projectiles, il y a un mort à Bruxelles et de multiples échauffourées d'une grande violence.

La situation politique semble très difficile à gérer. Comment apaiser cette crise ? Avec le soutien de son épouse, le roi suggère et soutient de nouvelles mesures en faveur de l'ordre dans la rue et de la condamnation de la violence. En réalité le pouvoir politique du roi est limité. C'est le gouvernement composé des ministres et le Parlement élu qui gouvernent la Belgique.

Mais le roi, lui, a un pouvoir de médiateur. Il est celui qui essaie d'apaiser les conflits, de comprendre les positions de chacun et de proposer des solutions compatibles avec les intérêts de tous. C'est un rôle difficile et délicat, mais porteur de paix sinon au moins d'apaisement. Pour cette mission il est chargé de recevoir les représentants de tous les partis et de prendre en compte leurs propositions. Conscient de ses responsabilités, Baudouin écrit :

> « Sois comme une présence consciente de Jésus au milieu de tant de détresses. Même si tu te sens peu de choses le Seigneur te veut saint. Il a besoin de ta faiblesse pour approcher les gens et montrer la puissance de son amour. Ne t'inquiète pas des croix

> qu'un disciple du Christ doit porter chaque jour. Elles te seront toujours faites sur mesure[1].»

«Des croix toujours faites sur mesure», quelle confiance en Dieu partage ce couple!

En février 1961 des pluies diluviennes s'abattent sur la Belgique, les rivières débordent, créant d'énormes inondations dans plusieurs contrées.

Le 4 février à Jupille, une localité ouvrière dans la banlieue de Liège, une grande partie d'une énorme montagne de détritus de la centrale électrique de Bressant s'écroule sous le poids de l'eau. Des centaines de familles se trouvent en quelques minutes sans abri; seize personnes, dont un enfant, meurent ensevelies dans la boue. La nouvelle arrive au Palais royal par le téléphone à six heures du matin. Dès que Fabiola apprend l'ampleur de la catastrophe elle veut tout de suite se rendre sur place à Jupille, pour aider ces pauvres malheureux. Elle tient à leur montrer l'attention et la proximité de leur nouveau couple royal.

En pataugeant dans la boue, elle avance comme elle peut vers les hangars où sont groupés les rescapés. Devant ces enfants hébétés, elle se veut être comme une maman. Elle les prend dans ses bras, les réchauffe, leur donne à manger, essaie de les rassurer. Elle propose son aide partout: «Je suis infirmière. Laissez-moi entrer. Qu'est-ce que je peux faire pour vous aider?»

Tous deux y retourneront plusieurs fois: avec les collectivités locales ils organisent des repas, des campements de fortune, des hébergements. Ils sont un simple couple,

1. Suenens, *op.cit.*, p. 83.

un homme et une femme unis pour le service et l'aide aux plus malheureux.

Baudouin écrit :

> « Ce matin, je me suis senti fort poussé à aller visiter la région inondée que je n'avais pas pu voir vendredi dernier. Tout de suite après la messe je suis parti avec l'officier.
> Merci mon Dieu de m'avoir poussé au milieu de ces personnes malheureuses, certaines avaient pratiquement tout perdu.
> À une vieille dame particulièrement triste et désemparée, qui n'avait même plus de manteau pour se protéger du froid, j'ai eu la joie de lui remettre le mien. Merci mon Seigneur et mon Dieu d'avoir pu te donner cette veste pour Te couvrir et Te réchauffer. Quel bonheur tu m'as donné Seigneur[2]. »

Quelques jours plus tard, une autre catastrophe endeuille la Belgique. Le 15 février un avion long-courrier en provenance de New-York, un Boeing de la Sabena, s'écrase au sol quelques minutes avant l'atterrissage. Soixante-dix passagers et tout l'équipage trouvent la mort en quelques secondes ; l'émotion est immense en Belgique.

Bouleversés, Baudouin et Fabiola se rendent tout de suite à Melsbroek où une chapelle ardente a été improvisée. Le roi et la reine passent plusieurs heures à écouter les familles des victimes, à regarder les photos qu'on leur

2. *Ibid.*, p. 109.

présente, à partager longuement la douleur des uns et des autres.

Ils tiennent à ce que leur présence ne puisse pas être considérée comme une visite royale traditionnelle en cette circonstance, mais comme le geste d'amour et de compassion d'un homme et d'une femme devant tant de larmes, même si, au titre de couple royal, ils seront officiellement présents à la cérémonie religieuse en hommage aux disparus. Dans chaque circonstance ils se veulent au plus intime du cœur des Belges et de leurs souffrances.

Comme dans beaucoup de pays, la pauvreté augmente rapidement car le chômage s'étend en Belgique tout autant qu'il s'étend en France à cette période. Fabiola, soutenue par son mari, va consacrer une grande partie de son temps à aider les personnes sans emploi soit à retrouver du travail soit à recevoir les premières nécessités pour manger, se loger, éduquer les enfants.

Pour mettre sur pied un secrétariat particulier destiné à l'attribution des aides sociales, avec un personnel compétent, il lui faut de l'argent. Fabiola a alors l'idée de vendre aux enchères les cadeaux (officiels) reçus à l'occasion de leur mariage et subvenir aux multiples demandes d'aide reçues chaque jour. Très admiratif des initiatives de son épouse, Baudouin écrit :

> « Fabiola est pleine d'enthousiasme et d'une imagination volcanique. En même temps elle fait preuve de souplesse et d'humilité lorsque je lui demande la prudence étant donné sa situation[3]. »

3. *Ibid.*, p. 66.

Pour Baudouin comme pour Fabiola, la foi en la force de la prière et en l'aide de Dieu dans les situations difficiles reste toujours leur secours le plus fort. Chaque jour, tous deux réunis dans la chapelle de Laeken, ils confient au Seigneur le peuple belge tout entier. C'est un couple de foi mû par l'amour de tout son peuple quelles que soient les discordes. Ils se sentent ô combien faibles devant la situation politique en cours mais, puisant dans leur amour et leur prière commune, tous deux retrouvent leur force.

Chapitre 14

Baudouin et Fabiola, un couple au service de Dieu

À notre grand étonnement, la plupart des biographes semblent taire, ignorer ou passer très vite sur la foi du couple royal. La prière, la fréquentation de l'Évangile, la mise en pratique des paroles de Jésus sont cependant la lumière de leurs vies et la clé de tous leurs gestes. Même s'ils se veulent toujours discrets sur leur relation à Dieu. Sans aucun doute, la vocation intime de ce couple a été portée par la vie en Dieu et le don d'eux-mêmes aux autres.

C'est un peu à contrecœur que Baudouin note dans un carnet ses réflexions intimes. En réalité, il l'écrit pour lui-même, pour se souvenir de ses méditations et sans doute n'a-t-il jamais pensé qu'un jour elles seraient en partie publiées.

À ce propos, Baudouin écrit :

> « Jésus, tu sais que je n'aime pas beaucoup écrire dans ce carnet. Parfois mon cœur est plein d'allégresse et ce m'est un soulagement de pouvoir l'écrire. Parfois

> aussi il y a un certain vide en moi et il m'est difficile de m'exprimer... Et pourtant je sais que je devrais écrire ce que le Seigneur fait à travers moi[1]. »

Dans leur vie de couple, ils ont accordé une grande place à la prière commune, leur ciment et leur joie. Jésus n'a-t-il pas affirmé : « Quand deux ou trois sont réunis en mon nom, je suis là, au milieu d'eux » (Mt 18,20) ?

C'est ce dont témoigne leur chapelain dans un chapitre de son livre *Une vie où souffle l'Esprit*[2] :

> « Tous les matins, avant de commencer leur journée aux lourdes responsabilités, le roi et la reine participent ensemble à l'Eucharistie, tous les deux dans la petite chapelle du Palais, quelles que soient l'heure et les circonstances.
>
> Avant leur arrivée, le Roi a déjà préparé les textes du jour. Il les a lus dans les petits livrets de l'édition mensuelle du missel de la semaine et les a annotés avec des crayons de couleurs différentes. Il a souligné les passages qui ont retenu son attention et en a fait part à son épouse.
>
> La plupart du temps ils assistent tous les deux seuls à cette messe très matinale à l'issue de laquelle tous les deux unissent leurs mains pour dire ensemble la prière de François d'Assise. Fabiola, après la mort de Baudouin, la donnera comme testament spirituel

1. *Ibid.*, p. 95.
2. Philippe Verhaegen, *Une vie au souffle de l'Esprit*, Éditions Racine, 1995.

> à l'ensemble du peuple belge, toutes sensibilités confondues[3]. »

« Seigneur, fais de moi un instrument de paix, un instrument d'amour. » Pour eux, être un instrument de paix et d'amour semble la vocation première d'un couple royal à la tête d'un pays aussi divisé.

Le dimanche, tous ceux qui travaillent au Palais royal – et qui le veulent –, sont conviés à participer à l'eucharistie dans la grande chapelle de Laeken. Baudouin et Fabiola tiennent beaucoup à ce que ces rencontres dominicales ne soient pas celles de dignitaires qui veulent se faire voir, mais d'abord la messe de tous ceux qui veulent prier ensemble. La messe des chrétiens. S'y rencontrent des hommes politiques, des femmes de ménage, des chauffeurs, des gendarmes, tous ceux qui partagent la même foi. Les chaises sont disposées en cercle afin de bien symboliser la communion et l'égalité entre tous les enfants de Dieu réunis en ce dimanche pour le célébrer.

Le roi désigne les lecteurs. Lui-même assure toujours une lecture avec beaucoup de spontanéité. Il tient à ce qu'elles soient vivantes et parlantes pour tous. Ils aiment partager « la joie de l'Évangile », comme la présentera plus tard le pape François[4]. Bien souvent, c'est le roi qui entonne les chants. Au moment des intentions de prières, c'est généralement lui qui annonce la première intention, puis d'autres personnes continuent et le roi ou la reine reprennent en suivant. Ce sont des demandes spontanées

---

3. *Cf.* le dernier chapitre de cet ouvrage.
4. Pape François, *La Joie de l'Évangile,* Exhortation apostolique, Éditions Artège, 2013.

de toute l'assistance. Il y a tellement d'intentions à porter dans leur royaume ! Ils présentent aussi au Seigneur les intentions particulières qui leur ont été confiées.

Un exemple a été rapporté par le chapelain du Palais. Une servante était en train de mourir d'un cancer. Baudouin et Fabiola allaient la voir chaque jour pour la soutenir, l'accompagner et l'entourer d'affection jusqu'au bout. Les dimanches précédents, au moment des intentions, ils ont demandé pour elle la prière de tous.

Le secret de leurs vies a toujours été l'amour et l'écoute des souffrances des autres. Chaque jour, Baudouin passe de longs moments au téléphone pour écouter, aider et comprendre les personnes en détresse qui lui ont été signalées par un des membres du personnel : des malades, des parents qui viennent de perdre un enfant, quiconque a besoin d'une aide, d'amitié.

Sans doute pour amener le roi à une telle disponibilité aux autres et à une telle attention, Fabiola a-t-elle beaucoup aidé son mari en lui offrant tout son amour. Lui qui avait connu une enfance et une jeunesse difficiles avec une grande solitude, il a découvert et compris l'amour par Fabiola. Et grâce à l'amour qu'elle lui a donné, il a pu ouvrir largement son cœur pour le redonner à son tour avec toutes les possibilités dont il disposait. On ne peut donner que ce que l'on a reçu. Baudouin écrit :

> « Presque chaque jour je vois dans ma vie des signes tangibles de l'Amour de Dieu. Fabiola en a été et continue à en être un des plus marquants. Quelques rares fois, je me suis demandé si tout cela n'était pas

> trop beau pour être vrai, si cela ne relevait pas plus du Conte de Fées que de la dure réalité[5].»

> « Nous sentons la paix et la joie de Dieu et cela nous aide à chaque instant... Qu'il fasse de nous des vrais saints prêts à donner notre vie pour lui. Que le Saint-Esprit nous donne la même foi, la même ferveur et le même amour qu'aux premiers chrétiens[6]. »

En effet, très émerveillés par les descriptions des premières communautés chrétiennes dans les Actes des Apôtres, tous deux ont un but commun : transformer leur entourage en communauté d'amour, de louange et de prières à l'image de ceux qui ont vécu l'Évangile à sa source :

> «Ils étaient assidus à l'enseignement des apôtres et à la communion fraternelle, à la fraction du pain et aux prières... Tous ceux qui étaient croyants étaient unis et mettaient tout en commun. [...] Unanimes, ils se rendaient chaque jour assidûment au Temple. Ils rompaient le pain à domicile, prenaient leur nourriture dans l'allégresse et la simplicité de cœur. Ils louaient Dieu et trouvaient un accueil favorable auprès du peuple tout entier.» (Ac, 2,42).

5. Suenens, *op.cit.*, p. 80.
6. *Ibid.*, p. 83.

Le Père Philippe Verhaegen, témoigne[7] :

> «Tous les soirs ils priaient à la chapelle, récitant le chapelet FIAT du cardinal Suenens. La reine a tenu indiscutablement une très grande place auprès du Roi.
> Le roi avait une vie de prière intense, particulièrement au moment des crises politiques. Je le rencontrais en prière à la chapelle, où il venait souvent à l'avance. La reine me l'a confirmé : il se levait souvent très tôt pour aller prier seul à la chapelle. Au cœur de ses activités il récitait son chapelet ou la prière de Jésus en allant à une audience.
> – La prière de Jésus ?
> – C'est la prière qui vient s'infiltrer dans le temps qui s'écoule. Elle prend la forme d'une toute petite invocation : "Seigneur Jésus, Fils de Dieu, Sauveur, prends pitié de moi pécheur" ou simplement de la respiration du nom de Jésus. En toutes circonstances, nous disons lentement le nom de Jésus et nous retrouvons la paix intérieure.
> Empêtrés dans nos contradictions et nos doutes, nous y trouvons l'énergie et la lumière dont nous avons besoin pour poursuivre la route.
> Cette petite prière est pratiquée dans tout l'Orient chrétien et grâce à Dieu, elle s'introduit de plus en plus en Occident. C'est un moyen extrêmement simple pour pouvoir mêler la vie active à la prière, moyen qu'utilisait fréquemment notre roi Baudouin.»

7. Philippe Verhaegen, *op. cit,* Éditions Racine, 1995.

Tous deux s'intéressent de près aux grands mouvements qui ont rajeuni la ferveur des chrétiens au XXe siècle. C'est ainsi qu'ils se sont beaucoup penchés sur les écrits du Père Caffarel, fondateur des Équipes Notre-Dame, qui ont participé à révéler la richesse du sacrement de mariage. Cette spiritualité magnifie la vie du couple avec Dieu, en mettant l'accent sur la force de la lecture quotidienne de l'Évangile, la prière commune des époux, le dialogue profond entre eux et l'ouverture aux autres. Leurs fonctions royales leur permettent difficilement d'entrer de plain-pied dans un mouvement, mais ils en vivent la spiritualité.

Ainsi, par le Renouveau charismatique qu'ils connaissent particulièrement grâce au cardinal Suenens et à Veronica O'Brien, sans appartenir à ce mouvement pour demeurer tout à tous, ils adhèrent pleinement au bouillonnement de l'Église post-conciliaire qui lui fait retrouver les élans des premiers chrétiens.

À plusieurs reprises ils se rendront incognito, dissimulés derrière des lunettes noires, à Paray-le-Monial afin de participer aux grandes rencontres annuelles organisées par la communauté de l'Emmanuel.

Un fleuve est toujours plus vivifiant à sa source que dans les méandres bourbeux de son embouchure. Tous ces mouvements charismatiques ne sont pas des chamboulements dans l'Église traditionnelle. Ils sont d'abord porteurs de nouvelles sources de ferveur. Ils s'inscrivent dans le prolongement de la grâce initiale de la Pentecôte, vécue très fortement par les premières communautés chrétiennes. Ils sont un regain de fraîcheur dans la foi, vécu très fortement aussi dans l'Église du XXe siècle au moment du Concile et qui se prolonge.

Le roi écrit :

> « Cette grâce du Renouveau, je crois vraiment qu'elle est pour toute l'Église, pour tous les mouvements dans l'Église, pour chacun de nous. Mais qu'elle est à recevoir tous les jours à nouveau[8]. »

À la Pentecôte 1975, en pèlerins de l'Année sainte, Baudouin et Fabiola se rendent incognito à Rome à l'invitation du cardinal Suenens. Dès leur retour, Baudouin envoie une lettre au cardinal pour le remercier. Après les premières lignes où il exprime ses réticences devant de si grands rassemblements (plus de dix mille pèlerins), il écrit :

> « Ce fut dès les premiers chants l'éblouissement : Jésus au milieu de son peuple, son Église. Et le pape tout faible mais acceptant cette faiblesse et exprimant la prière du Peuple de Dieu et le peuple répondait dans la joie de l'adoration.
> Je me sentais si bouleversé et heureux que les larmes coulaient sans que je puisse les ravaler. Et cela aussi me donnait une joie. J'avais la sensation que Jésus voulait bien me dire « Oui, je sais que tu m'aimes aussi. » Son Amour, je le sentais si fort pour nous tous, chrétiens, mais aussi pour les non-croyants.

8. Suenens, *op.cit.*, p. 101.

> Et je pensais avec joie à mon voisin et à l'Amour de Jésus qui l'enveloppait. Les merveilleux chants charismatiques si discrets, si parfaitement dans la mesure, me donnaient la chair de poule et j'imaginais combien d'ici peu, l'Église attirerait à nouveau les hommes vers elle.
> Merci, Père, de m'avoir donné de vivre avec Fabiola ce grand moment de ma vie. Merci de m'avoir fait sentir que prier était d'être en Toi et que toutes mes intentions devenaient aussi tes intentions. Je n'arrivais pas à dire ou à penser autre chose que ton nom, Jésus[9]. »

Attentifs à tout ce qui est source de grâce et de réactivation de la foi, Baudouin et Fabiola se sont beaucoup intéressés aussi au mouvement des Focolari.

Veronica leur avait fait rencontrer Chiara Lubich, leur fondatrice. Ils en avaient apprécié les partages spirituels dont le sens donné à nos souffrances humaines dans la mesure où nous pouvons les associer aux souffrances du Christ à l'agonie.

L'objectif du mouvement des Focolari est l'unité des chrétiens pour répondre à la prière de Jésus : « Que tous soient un » (Jean. 17,21). Cette demande se concrétise au sein de petites communautés de différentes confessions religieuses et définies dans l'esprit de l'Évangile, c'est-à-dire vivant dans le respect et l'amour de chacun, l'écoute et l'entraide.

Devant les inégalités sociales et la pauvreté, Chiara Lubich a conçu une réalisation généreuse : « L'économie

9. *Ibid.*, p. 103.

de communion », c'est-à-dire le partage des richesses. Dans divers pays, des entreprises partagent une part de leurs bénéfices en faveur des plus pauvres.

L'Évangile a toujours été la charte de la vie du couple royal. En le lisant, ils mettent leurs âmes « au soleil de Dieu » pour employer cette comparaison qui leur est familière. En effet, expliquent-ils, le soleil brunit doucement, mais sûrement, les visages. De même que la parole de Dieu nous transforme doucement, insensiblement tous les jours, mais sûrement. Ou pour employer une autre comparaison : personne ne voit jamais pousser les fleurs dans une prairie, elles poussent quand même et transforment magnifiquement un coin de terre.

Ils sont conscients d'avoir reçu par la foi, par l'enseignement de Jésus, par des rencontres en profondeur, un trésor immense. Mais ce trésor ils n'ont jamais voulu le garder pour eux seuls : ils l'ont partagé à pleines mains, à grandes brassées avec tous ceux qu'ils ont rencontrés soit dans leurs fonctions, soit dans leur vie privée.

Pour eux la fonction royale est avant tout un service, une compassion un accueil, une attention aux difficultés d'un peuple très proche dont ils se sentent responsables. Ensemble, ils programment leur agenda pour être présents à ceux qui ont le plus besoin de leur aide. Mais ils savent aussi que lorsqu'ils se rendent près de certaines personnes, leur rang social devient une barrière à l'ouverture spontanée des cœurs. Cette distance reste une souffrance pour eux.

Dans cette optique, Baudouin note dans son carnet sa joie d'avoir reçu un accueil simple, sans protocole, un soir où sans annonce préalable, à la fin d'une marche, il a frappé à la porte d'une maison de gendarmes en service.

> «Tout à l'heure en me promenant sous la pluie, j'ai cru, Jésus, que tu m'invitais à rendre visite aux gendarmes.
> En entrant dans leur petite maison, ils m'ont tout de suite accueilli avec simplicité et amitié. Ils m'ont expliqué leur travail de tous les jours[10]... »

Et puis il y a la politique, les manifestations de rue, les cris hostiles qui les blessent au moment où la compassion les rend proches de ceux qui viennent crier leurs revendications, quelquefois leur haine, jusque sous leurs fenêtres.

Ces manifestations souvent hostiles leur causent toujours une véritable peine. Ils cherchent les moyens de comprendre, de remédier, de se rapprocher.

Leur foi reste strictement intime et personnelle, sans doute un peu par pudeur mais d'abord par souci premier que les athées et incroyants de leur pays ne se sentent pas négligés ou rejetés.

Au pied de la grotte de Lourdes, ils ont retenu une parole de la petite Bernadette traduisant le regard de la Vierge sur elle : «Elle me regardait comme une personne.» C'est ce même regard qu'ils veulent porter sur chaque personne rencontrée quelles que soient ses opinions. Baudouin écrit :

10. *Ibid.*, p. 89.

> « Apprends-moi Jésus à être avec les personnes que je rencontrerai ce que tu veux que je sois, un témoin de ton Amour pour les hommes. Mais pratiquement Seigneur, dans la place particulière que j'occupe, qu'est-ce que cela veut dire ? Comment dois-je m'y prendre ?
> Esprit Saint, ne me quitte pas d'une semelle, je t'en prie. Sois ma force, ma sagesse, ma prudence, mon humour, mon courage, ma dialectique[11]. »

Dans la vie politique, ce rapprochement évangélique avec les autres est souvent inimaginable. Cependant, le roi et la reine en font leur priorité. Baudouin écrit :

> « Aujourd'hui j'essaierai d'être particulièrement attentif à tous ceux que le Seigneur mettra sur mon chemin.
> Cet après-midi nous avons eu une grande réception du Corps Diplomatique, des autorités OTAN, SHAPE, MARCHÉ COMMUN.
> C'est l'occasion d'aller dans cette disposition vers les gens.
> Pendant notre méditation, nous avons compris que c'est cela que le Bon Dieu désirait de nous. Il ne nous demande pas d'être expert technique dans les domaines les plus divers de la musique à la politique, mais guidés par son Esprit, d'aimer les hommes avec son Amour, les regarder avec ses

11. *Ibid.*, p. 88.

yeux, les écouter avec ses oreilles, leur parler avec ses paroles. Seigneur, nous désirons cela de toute notre âme, Fabiola et moi[12]. »

12. *Ibid.*, p. 88.

Chapitre 15

Le couple royal et les enfants

Le vœu le plus cher de Baudouin et Fabiola est de voir grandir près d'eux une famille nombreuse. Leurs cœurs sont tout prêts à accueillir des enfants, fruits de leur amour. Ils savent que la Belgique attend déjà avec impatience l'annonce de la venue prochaine d'un prince héritier. Les yeux de tout le peuple sont tournés vers le ventre de Fabiola.

En mai 1961, leur bonheur est immense. Fabiola est enceinte de bientôt trois mois. *Magnificat* ! Un immense chant d'action de grâces et de joie sort de leurs cœurs. Pour l'instant cette attente est encore leur merveilleux secret, gardé par eux deux, seuls. Ils s'aiment de plus en plus. Tout se passe bien. Fabiola est resplendissante. Il est hors de question d'annuler les voyages à l'étranger programmés en mai et juin

À la fin mai 1961, le couple royal se rend à Paris pour son premier voyage officiel. Des rumeurs circulent : la presse *people* annonce déjà l'éventuelle première grossesse de la reine des Belges ! Dès leur arrivée à Orly, quand ils apparaissent au sommet de la passerelle, mitraillés par les flashs des photographes, ils sont rayonnants tous les deux.

Le général de Gaulle, alors président de la République française, les accueille chaleureusement sur le tarmac. Le traditionnel tapis bleu et or de la manufacture royale de Savonnerie les conduit au salon d'honneur où a lieu l'échange des discours.

La traversée de Paris sera pour eux inoubliable, tellement l'accueil est chaleureux : durant la remontée des Champs-Élysées, une foule immense se presse sur les trottoirs pour voir passer les voitures du cortège présidentiel. On agite des drapeaux ; on les acclame. On entend crier : «Vive Fabiola, Vive Baudouin.» Sur le parcours, les drapeaux belges, noir, jaune et rouge alternant avec les drapeaux français tricolores accrochés sur toute la longueur des Champs, s'agitent légèrement dans la brise de ce mois de mai à la température exquise.

Les Français, auprès de qui ils sont très populaires depuis que leur mariage a été transmis à la télévision, sont avides de voir ce couple si romantique et cette jeune reine que Baudouin entoure tellement de ses soins et de mille attentions qu'une future maternité leur semble absolument évidente. À Paris au quai d'Orsay, dans le somptueux palais des Affaires étrangères, l'appartement des hôtes royaux a été aménagé spécialement pour les recevoir.

Le premier déjeuner présidentiel a lieu à l'Élysée dans le salon Murat. Le général de Gaulle semble émerveillé par la conversation de cette jeune reine aussi belle que brillante, vive et intelligente, placée à sa droite. Le même soir, sans aucune trace de fatigue, Fabiola brille tout autant lors du grand dîner donné en l'honneur des souverains belges dans la salle des Caryatides du Louvre, un des lieux les plus prestigieux de Paris, chargé d'histoire. Dans la tribune soutenue par les quatre célèbres figures féminines de Pierre Lescot, un orchestre diffuse doucement des pièces de musique de la Renaissance. La France n'a rien négligé pour recevoir le roi Baudouin et sa si gracieuse épouse.

Le lendemain, le couple royal est invité à l'Opéra Garnier pour applaudir dans *Le lac des cygnes*, les danseurs Claude Bessy et Attilio Labis, les célèbres danseurs-étoiles de l'Opéra de Paris. À travers une haie de gardes républicains présentant leurs sabres, la montée du grand escalier en marbre blanc bordé de lumières et de rampes étincelantes, semble un moment particulièrement attendu par les photographes. Ils se pressent pour mitrailler davantage la robe somptueuse de la reine, si souriante, que l'uniforme du général de Gaulle !

Au fur et à mesure du déroulement du ballet, Fabiola de plus en plus enfoncée dans le velours rouge de son fauteuil semble tellement épuisée que Baudouin, inquiet, ne cesse de se pencher vers elle et n'a d'yeux que pour elle.

À la fin du spectacle, le protocole veut que les invités royaux aillent féliciter les danseurs sous les dorures et les miroirs de la prestigieuse salle de la Rotonde. Baudouin n'hésite pas : « Rentrons tout de suite. Tu ne vas pas bien. » Fabiola insiste : « Non, non, il faut les féliciter. Ils étaient tellement magnifiques ! Ils doivent déjà nous attendre. Ils ne comprendraient pas. »

Elle se lève mais se sent tellement faible et vacillante qu'elle doit s'accrocher au bras de son époux. Et là, prise de vertiges, elle ne peut plus avancer. Baudouin apparemment très inquiet doit l'aider à s'allonger sur une banquette. Les photographes agglutinés pour être les premiers à publier le malaise de la reine sont rapidement écartés. Très pâle, Fabiola reste longtemps étendue sans le moindre mouvement.

Pour les journalistes présents, cette fois-ci il n'y a plus de doute. Avec un tel malaise, la grossesse de la reine semble confirmée. La presse s'en fait largement écho : la reine a eu un sérieux malaise à l'Opéra. Le couple royal belge attend certainement un heureux événement.

Le lendemain, par prudence, la reine garde la chambre. Baudouin remplit seul le programme officiel. Tout le monde maintenant attend une annonce officielle. Mais aucun communiqué n'apporte de confirmation.

Silence absolu.

Un autre voyage, mais cette fois-ci à Rome, est programmé depuis longtemps. Il doit se dérouler dans quinze jours. Faut-il l'annuler ? Le maintenir ? Le roi doit-il partir seul ? Fabiola est perplexe. Elle a tellement envie de rencontrer le pape Jean XXIII ! À lui, elle confiera le secret du petit être qui grandit en elle ; elle le sent si fragile qu'elle veut le confier à la prière du vieux pape.

Le matin du 7 juin, l'avion de Baudouin et Fabiola atterrit à Fiumicino. Malgré la pluie, les très nombreux Belges de Rome sont venus pour les accueillir et acclamer leur reine toujours élégante, souriante et toujours si simple et chaleureuse.

La première visite officielle est pour le président de la République italienne, M. Gronchi. Déjeuner, discours, réception solennelle, dîner d'apparat fatiguent beaucoup Fabiola qui tient à partager avec son mari tous les moments officiels. Pour le couple royal, ces rencontres avec des personnalités sont d'abord des rencontres humaines, loin du souci du prestige et de la notoriété.

En voici un exemple. Après la cérémonie au Quirinal, le palais présidentiel de Rome, Baudouin écrit :

> « Je sentais qu'il fallait dire à ce vieux socialiste que j'avais prié pour lui afin qu'il ait la force et la lumière d'accomplir sa mission. Il en a été très touché. Pendant que nous parlions, j'éprouvais de l'affection pour cet homme courageux et honnête, aussi avais-je envie de l'embrasser. Mais cela ne me paraissait pas opportun. En le quittant, au moment où j'allais ouvrir la porte, il me rappelle en me disant qu'il voulait m'embrasser ; je le serrai très fort contre moi et compris une fois de plus que l'Amour vient du Seigneur et que c'est merveilleux de se laisser conduire par Lui[1]. »

Cependant en suivant le protocole présidentiel, Fabiola se sent épuisée et commence à s'inquiéter de fortes douleurs dans le ventre. Comme toutes les mamans qui attendent un enfant, elle s'interroge anxieusement. Elle est même chaque jour un peu plus inquiète pour l'enfant qu'elle porte. Baudouin ne la quitte pas des yeux. Ses douleurs vont-elles cesser ou sont-elles un mauvais signe ?

---

1. *Ibid.*, p. 110.

Notre bébé est-il en danger ? N'auraient-ils pas mieux fait d'annuler ce voyage ?

Toujours aussi souriants dans les réceptions officielles, malgré leur souci, tous deux prient de toutes leurs forces pour que Dieu protège leur enfant si petit et déjà tant aimé, pour qu'il lui prête vie.

Le lendemain est le jour prévu pour l'audience avec le pape. Revêtue d'une longue robe blanche, la tête couverte d'une mantille blanche en dentelle selon le protocole du Vatican, Fabiola a tenu à se présenter devant le pape avec le diadème de la reine Astrid, si cher à son mari. Privilège royal : ils seront seuls dans la salle du Trône pour cette audience privée, loin des journalistes qui piétinent à l'extérieur et les ont harcelés à leur descente de voiture. La traversée des longs couloirs de cartes géographiques et des chambres de Raphaël leur sera épargnée à la demande de Baudouin. Ils pourront entrer directement dans la salle d'audience.

Le pape se montre plein d'attentions pour cette future maman qu'il doit aider à se relever après les trois génuflexions protocolaires qu'elle n'arrive pas à exécuter. Filialement, elle lui confie son secret encore bien fragile. Persuadée que la prière du pape sera mieux exaucée que la sienne, elle n'hésite pas à lui demander : « Bénissez ce tout-petit, bénissez-le, il est déjà placé sous votre haute protection. »

Jean XXIII n'est sans doute pas très au courant des possibilités de fausse couche : pour lui du moment qu'une femme est enceinte il doit s'ensuivre une naissance ! Et il bénit de tout son cœur ce couple lié par un bel amour qui lui a fait l'honneur et la joie non seulement d'être le premier prévenu de la future naissance princière mais aussi lui a demandé d'être le parrain de leur premier enfant, l'héritier du trône.

Après leur départ, encore ému par cette jeune reine qui a confié son enfant à ses prières, « le bon pape Jean » comme on l'appelle, raconte cette entrevue à un journaliste ami, sans lui préciser que la nouvelle doit encore rester confidentielle.

Un scoop ! Un scoop qui parcourt la planète plus vite qu'un éclair dans le ciel ! Immédiatement les radios et télévisions ont transmis la nouvelle en France et en Europe alors que la radio belge n'est pas encore au courant. Le fiasco est énorme et fera couler beaucoup d'encre dans la presse *people* et dans tous les médias en Europe.

Pour calmer les esprits du peuple belge, Théo Lefèvre, le Premier ministre prend la parole à la radio :

> « Il est exact que le roi et la reine ont confié au pape leurs espérances d'une naissance possible [...] Je crois être l'interprète du pays en formant des vœux pour que ce qui n'est aujourd'hui qu'une espérance puisse bientôt être confirmé dans la joie de tous [...] J'espère que, dans ces commentaires, chacun de nous qui est marié et dont la femme a attendu un enfant comprendra le sentiment qui a poussé la reine à demander au pape – comme nous le demanderions simplement à notre curé et à notre médecin – sa bénédiction afin que l'événement évolue favorablement. »

Pendant quelques jours le roi assume seul toutes les fonctions officielles. Des rumeurs contradictoires circulent. Peu à peu les Belges comprennent que cette future naissance, prévue pour le mois d'octobre est liée à une grave incertitude. Le vendredi 23 juin 1961, un communiqué officiel annonce sur radio Luxembourg que «l'heureux événement prévu à la cour de Belgique n'aurait pas lieu cette année».

Les Belges ont de la peine à comprendre la signification de ce texte énigmatique. La reine a-t-elle fait une fausse couche? Va-t-elle envisager bientôt une nouvelle grossesse? Toutes les hypothèses circulent dans la population qui ne parle plus que de cet événement.

Deux jours plus tard, le grand maréchal de la Cour donne à la radio la lecture d'un texte pour lever toute ambiguïté :

> «Un heureux événement ne doit pas être attendu au château royal de Laeken dans les temps prochains. L'état de santé de la Reine ne donne lieu à aucune inquiétude. Sa Majesté sera complètement rétablie d'ici quelques jours.»

Il y avait cinq mois que Fabiola portait cet enfant et le chérissait. De toute la Belgique lui parviennent des bouquets et des gerbes de fleurs ainsi que des montagnes de lettres. La plupart sont écrites par des mamans qui comprennent son chagrin. Baudouin, aussi bouleversé que son épouse, se veut pour elle un soutien fort. Tous deux trouvent leur courage dans la prière commune et dans la confiance en une éventuelle nouvelle grossesse.

Dès que l'état de santé de Fabiola sera un peu meilleur, ils partiront pour le Pays basque espagnol au bord de la mer, à Zarautz, où doña Bianca les attend pour les réconforter. Tous deux éprouvent le besoin de son affection maternelle.

Avant de reprendre l'avion pour la Belgique, ils se rendent anonymement à Saint-Jacques-de-Compostelle où, mêlés à la foule, ils seront un couple de chrétiens ordinaires, venus prier à genoux, en portant tous deux au fond de leurs cœurs l'espoir d'un nouvel enfant à naître pour donner un héritier au trône et pour la joie de leur couple.

En février 1962, la reine est à nouveau enceinte. Pour mettre toutes les chances de son côté, elle annule tous ses rendez-vous et prend toutes les précautions possibles. Mais au bout de cinq mois il faut l'opérer pour lui retirer un enfant mort-né.

Quand ils entendent parler d'un médecin suédois, le docteur Gemsell, qui réussit à faire mener à terme des grossesses à des femmes qui se pensaient stériles grâce à son traitement « miraculeux » à la gonadotrophine, ils iront le consulter comme une dernière chance… qui n'aboutira pas.

Hélas, malgré les consultations des gynécologues les plus éminents de Belgique, de France, de Suisse et de Suède, Fabiola subira en quelques années cinq grossesses interrompues au bout de quatre à cinq mois par l'arrivée d'un enfant mort. Tout cela en silence. Seul son mari a partagé, dans le secret de leur couple, ses espérances folles, ses déceptions et ses larmes.

Pendant des années ils ont porté ensemble cet espoir, ils ont prié ensemble, ils se sont renseignés sur les plus grands spécialistes, ils ont entrepris les voyages nécessaires ; la reine a accepté les examens les plus humiliants et les contraintes les plus lourdes pour mettre au monde un enfant à eux, pour donner un prince héritier à la Belgique tout entière suspendue aux rondeurs de son ventre.

Dans leur détresse, un lien puissant s'est créé entre eux, une tendresse très forte que ces enfants tant espérés et tant pleurés ensemble ont quand même pu construire malgré leur absence.

Fabiola mettra des années à oser révéler à sa famille et à ses amis, tous ces échecs et tant de souffrances.

Et le jour où, beaucoup plus tard, elle les avouera à sa famille, elle ajoutera :

> « J'ai perdu cinq enfants, mais j'ai appris à vivre avec. Je ne suis pas devenue quelqu'un d'aigri. Bien au contraire, on apprend de cette expérience. J'ai eu des problèmes avec chaque grossesse, mais au bout du compte je continuais de penser que la vie est belle[2]. »

Dans toutes les circonstances le cœur de Fabiola a toujours chanté un hymne à la vie. Elle a été une « battante ». Elle a été la force de son mari un peu plus fragile. En 1968, à la clinique Saint-Jean de Bruxelles, le chirurgien français Palmer, assisté de cinq médecins belges, opère la reine de sa seconde trompe utérine. Après une longue espérance et un chemin de croix de huit

---

2. Fermin J. Urbiola, *Fabiola reine depuis toujours,* Editions Mols, 2012, p. 232.

années, son rêve d'avoir des enfants est définitivement terminé. Sur son lit à la clinique, elle confie à la religieuse qui s'occupe d'elle : « J'offre ma souffrance pour la réconciliation de tous les Belges[3]. »

Cependant le couple royal n'est pas au bout de ses épreuves. Des opposants profitent de cette circonstance pour réclamer par des revendications bruyantes la démission du roi, puisque désormais la Belgique ne pourra attendre un prince héritier. À l'annonce de ces manifestations, Fabiola, plus bouleversée que jamais, mesure que le malheur personnel de leur couple rejaillit sur la Belgique tout entière et devient une affaire d'État. Pour rien au monde elle ne voudrait être la cause de l'abdication de son mari. Elle se sent coupable. Elle lui dit : « Si Dieu ne m'accorde pas ce que l'on attend d'une reine, ma place n'est plus ici. »

Baudouin est bouleversé. Il la prend dans ses bras. Il l'assure de ce qu'elle sait bien : il ne serait rien sans elle, il ne peut pas vivre sans elle, il restera le roi et elle restera la reine. Jamais ils ne se sont tant aimés.

§

Le 24 février 1968, les journaux flamands affichent à la une de leurs publications : « Prince Philippe, héritier du trône ». Jamais encore une annonce aussi officielle n'avait été livrée au public. À cette époque Philippe n'a que huit ans. C'est le neveu de Baudouin, le fils de son frère Albert

3. Don Raymond, *Le Règne de l'Amour*, Éditions Saint Jean, p. 67.

qui, en raison de ses aventures extraconjugales, s'occupe peu de son fils.

Il est vrai que Baudouin, qui a toujours éprouvé des sentiments paternels pour cet enfant, se sent responsable de son éducation. Depuis qu'il a accepté le chagrin de ne pas avoir de descendance, il a mis en place tout un programme personnel pour former Philippe au métier de roi et de chrétien. Il l'entoure d'une affection privilégiée. Il le considère comme son fils spirituel, car c'est lui qui lui succédera, qui aura la charge et l'honneur de devenir un jour le roi des Belges.

Malgré tant de prières non exaucées, ni Baudouin ni Fabiola ne voient leur foi vaciller. Ils ouvrent souvent la Bible ensemble, se rappelant la parole que Veronica leur a souvent répétée : « Lorsque j'ouvre la Bible, c'est comme si j'étais à la recherche d'un trésor que je suis sûre d'y trouver[4]. » À cette période, Baudouin écrit :

> « Souviens-toi du trésor immense que tu as dans ton cœur et qu'il y a été déposé pour être partagé, sinon il s'affaiblit et meurt[5]. »

Au cours de leurs longues conversations en couple, ils découvrent et comprennent que le Seigneur attend d'eux certainement autre chose. Un texte de l'évangile de Luc[6] leur indique le chemin d'une vocation nouvelle : Pierre qui a pêché en vain toute la nuit s'adresse à Jésus pour lui exprimer son désarroi et sa déception. Jésus ne lui dit pas :

---

4. Suenens, *Les imprévus de Dieu,* p. 213.
5. Don Raymond, *op.cit.*, p. 154.
6. Lc 5,4.

« Arrête-toi là. » Il lui répond simplement : « Va au large et jette tes filets. »

« Aller au large » pour eux, qu'est-ce que cela signifie ? Peu à peu ils comprennent que leurs cœurs ne doivent pas se focaliser sur tous ces échecs personnels. Leur couple est appelé à s'ouvrir sur de plus larges horizons. Un soir, Baudouin à voix basse évoque pour son épouse ce qu'il avait entendu dire quand il était encore bien petit, par Astrid : « Une reine, c'est une mère qui s'occupe des enfants de toutes les mamans. »

À l'époque il avait à peine compris la signification de cette phrase. Maintenant elle ouvre pour eux une porte nouvelle sur un autre avenir, une autre façon de chérir des enfants. Ils vont ouvrir encore plus grand leurs cœurs et y découvrir une nouvelle vocation, large et sans limites : tous les enfants malheureux seront désormais leurs enfants.

De nombreux exemples de leur affection et dévouement pour les enfants de Belgique et du monde pourraient être cités. Retenons celui d'une réception à Laeken. Sept cents enfants de sept à douze ans sont invités dans le cadre de l'année de l'enfance. Au cours d'une sorte de kermesse, friandises et jeux animés par le roi et la reine leur sont offerts. Les enfants préparent des ateliers, se déguisent; l'un d'eux s'avance vers le roi en lui disant : «Dessine-moi un monde nouveau» ; d'autres font des panneaux pour la paix dans le monde. Ils expliquent longuement à la reine le message qu'ils ont voulu délivrer.

Le roi apporte une assiette pleine de caramels à une petite fille trisomique; il est alors ému, car au lieu de les garder pour elle, elle les distribue largement autour d'elle.

Dans les serres royales où les enfants sont maintenant tous assis, le roi, avec la reine à ses côtés, prononce le discours suivant :

> « Vous savez que nous n'avons pas d'enfants. Longtemps nous nous sommes interrogés sur le sens de cette souffrance. Peu à peu nous avons compris qu'en n'ayant pas d'enfants à nous, notre cœur était plus libre pour aimer tous les enfants, absolument tous […]. »

Leurs vies seront désormais consacrées aux enfants des autres, en particulier aux enfants les plus démunis. Et ceci non pas par devoir ou obligation royale mais au nom du message essentiel de l'Évangile : l'amour.

> « Vous savez qu'il existe des armes terrifiantes qui peuvent faire beaucoup de mal. Savez-vous que vous possédez aussi une arme, encore bien plus puissante que la bombe atomique ?
> Cette arme s'appelle l'amour. Le monde a besoin d'amour et de joie. Vous êtes capables de les donner. C'est vite dit mais c'est très difficile. Il faut s'y exercer et recommencer tous les jours. En le faisant, vous verrez changer les choses autour de vous, par exemple en aidant vos parents, en leur exprimant votre tendresse, vous les rendrez plus heureux, vous leur donnerez envie de faire de même entre eux et vis-à-vis d'autres personnes. Et ainsi, petit à petit, les relations entre les gens deviendront meilleures. Essayez, persévérez dans cet effort d'aimer avec les

> actes. Ne vous découragez jamais. Si vous le faites, je vous le répète, vous verrez changer jusqu'à la figure des gens autour de vous et, tous les soirs, vous sentirez une très grande joie dans votre cœur. Devenez des bâtisseurs d'amour[7].»

À partir de ce moment, les œuvres du couple royal et spécialement celles de Fabiola en faveur de l'enfance sont innombrables, entre autres parmi les plus importantes :

– Création du Secrétariat social de la Reine, chargé de répondre aux demandes d'aides aux familles.

– Fondation nationale pour la santé mentale en faveur des handicapés.

– Traitement de la dyslexie chez les jeunes enfants.

– Villages d'accueil pour handicapés mentaux.

La fondation Roi Baudouin (créée en 1976) aura pour but de trouver des fonds et des bonnes volontés afin de venir en aide aux plus déshérités. Toutes les formes de souffrances concernent la fondation, celles des enfants en priorité et plus largement celles de tous.

Quelques années plus tard, tous deux sont bouleversés par le témoignage d'un journaliste sur la prostitution dans leur pays et en particulier par la prostitution des jeunes enfants. Le roi accompagné de ce journaliste se rend incognito dans un quartier chaud d'Anvers pour parler lui-même avec ces malheureuses jeunes femmes afin de mieux comprendre leur détresse.

---

7. Le Roi Baudouin, *35 ans de dialogue avec la nation*, Éditions Duculot Inbel, 1993, p. 86-88.

Le jour des obsèques du roi, une très jeune fille témoignera :

> « Le roi est venu nous voir. Il me tenait par le bras. Il m'a écoutée. Il n'y avait que lui pour nous écouter. Le roi luttait contre cette traite internationale du sexe. Il a pris notre parti. C'était un vrai roi. Je l'ai appelé mon ami[8]. »

8. Stéphane de Lobkowicz, Vincent Deneubourg, *Baudouin*, Editions JM. Collet, 2000.

Chapitre 16

Les voyages officiels

D'une manière générale, les voyages officiels constituent une part importante du domaine privilégié des tâches royales. Baudouin et Fabiola désirent que les voyages en pays étrangers ne soient pas seulement des obligations professionnelles. Ils les envisagent, au-delà des rencontres officielles, comme des moyens forts pour créer ou renouer en tête-à-tête des liens personnels avec des chefs d'État étrangers.

Renforcer des liens d'amitié avec des chefs d'État, c'est aussi créer des liens avec des populations étrangères.

Créer des rapports personnels, rapprocher les esprits, unir des pays représentent pour eux des responsabilités importantes de leur charge royale.

Dans une perspective évangélique, ces voyages sont aussi pour eux une manière de connaître les aspirations, les pauvretés et les souffrances des pays dans lesquels ils sont reçus. Ces voyages ont été si nombreux depuis leur mariage que nous ne pouvons pas tous les évoquer.

Lors des multiples malaises et grossesses de Fabiola, il a fallu les interrompre. Mais dès 1964 les souverains belges reprennent ce qu'ils ont appelé « l'offensive diplomatique » et entreprennent de longs voyages.

Évoquons-en quelques-uns, en rappelant que dans tous leurs voyages, que ce soit aux USA, au Mexique, au Maroc, en Amérique latine, ils s'ingénient à pouvoir assister tous les jours ensemble à une messe basse, dans le silence et le calme du petit matin avant les cérémonies officielles.

Voyage au Japon

Une très longue amitié existe depuis très longtemps entre le Japon et la Belgique. En 1953, le prince héritier Akihito âgé de dix-neuf ans s'était rendu en visite au palais royal de Bruxelles. Il avait été reçu par Baudouin, roi depuis peu. Très vite le courant était passé entre les deux jeunes gens partageant des responsabilités communes présentes ou futures.

Le 20 février 1964, sur le tarmac de l'aéroport de Tokyo, Baudouin et Fabiola sont accueillis fraternellement par le prince Akihito et la princesse Michiko. Bien que de religions différentes, ils partagent une spiritualité qu'ils peuvent comprendre mutuellement : ils aspirent l'un et l'autre à la paix et croient à l'importance du règne de l'amour entre les humains.

Les souverains belges retourneront sept fois au Japon au cours de leur vie commune. La vieille impératrice âgée de 80 ans se déplacera à Bruxelles pour être présente auprès de Fabiola lors des obsèques de Baudouin.

Un peu déconcerté par la froideur du peuple japonais, Baudouin dans un premier temps se fige dans une certaine raideur. Fabiola le remarque et lui reproche doucement de ne pas être assez aimable, et ainsi créer une distance, peut-être même un léger malaise chez ses interlocuteurs. Elle s'ingéniera à lui faire comprendre que le sourire est le meilleur porteur d'amour qui existe sur la terre et dépasse toutes les langues parlées dans le monde. Elle-même, souriant à tous ceux qu'elle rencontre sur son passage, est chaleureusement fêtée. Des photos qui ont fait le tour du monde les montrent tous deux, riants, amusés, visiblement heureux, en dîner officiel assis par terre sur des coussins posés sur le tatami, les jambes repliées sur le côté selon la coutume japonaise.

Voyages en Inde

En 1964, ils se rendent à Madras, cette mégapole à la population grouillante et colorée par toutes ces femmes en sari qui remplissent les voies publiques. Ils sont reçus par le Premier ministre, le Pandit Nehru.

C'est une autre civilisation, pour eux un monde nouveau peuplé de statues multicolores de dieux à peine connus. Mais leur objectif n'est pas de faire du tourisme. Selon leur ligne de conduite habituelle, ils souhaitent rencontrer les plus déshérités. Leur première visite sera pour la vaste léproserie de Pollembakam.

Pour l'un comme pour l'autre c'est la première fois qu'ils se trouvent face à des humains rongés par cette maladie implacable. Le choc est beaucoup plus grand qu'ils ne l'auraient imaginé. Dans un silence lourd et impressionnant, au milieu d'une haie de lépreux qui les regardent, hébétés, souvent avec une partie du visage dissimulée derrière un voile, le directeur, le docteur Hemeltijckx, envoyé en Inde par la fondation belge de lutte contre la lèpre, leur fait visiter l'hôpital. Tout en les faisant circuler dans les longs couloirs, il leur fait part de son manque de moyens financiers ; il ne peut pas mener à bien tous les traitements qui seraient nécessaires. C'est bouleversant.

Habitués à être considérés comme des pestiférés par leurs familles, les malades s'étonnent de voir ce roi et cette si jolie reine, venus d'un pays lointain, porter sur eux un regard d'amour, s'intéresser à eux, contempler sans recul leurs membres déformés et repoussants.

Au moment du départ, quand une femme au visage rongé viendra délicatement poser un collier de fleurs autour du cou de Fabiola, la reine l'embrassera.

Les images tellement tristes de cette léproserie resteront longtemps dans leurs cœurs. À leur retour en Belgique, la reine créera la fondation Damien, du nom du prêtre belge, le père Damien de Veuster, l'apôtre des lépreux, victime de la contagion en 1889 dans une île isolée au large de Honolulu. Cette fondation, suivie par la reine, enverra régulièrement des sommes d'argent à Pollembakam.

Quelques années plus tard, dans le même but, ils se rendront dans une autre léproserie, au Bangladesh, un des pays les plus pauvres de la planète.

En 1971, ils retourneront à nouveau en Inde. Des photos montrent les souverains belges aux côtés de madame Indira Gandhi, alors Premier ministre. Elle a succédé à son père le Pandit Nehru. Vêtue d'un sari bleu brodé, elle les reçoit presque fraternellement sur la terrasse de sa résidence privée.

Ils se rencontrent comme des amis proches et se parlent en confiance. Son pays est déjà dans la tourmente, les manifestations éclatent de tous côtés et elle peine à tenir les rênes. Ce soutien dans la confiance est précieux pour elle.

Elle est touchée de pouvoir partager ses préoccupations avec un couple qui porte lui aussi les lourdes responsabilités d'un État et de tout un peuple.

Elle sera assassinée quelques années plus tard.

Voyage en Terre sainte

Sur le chemin du retour du premier voyage à Madras en 1964, une escale en Terre sainte est prévue pour la visite des Lieux Saints que l'un et l'autre attendent avec impatience.

Marcher sur les pas de Jésus, connaître les lieux où il a vécu, prier devant le lac de Tibériade représentent pour eux un rêve qu'ils n'ont encore jamais pu réaliser. Enfin, l'occasion se présente.

Ils ont demandé que cette visite d'ordre spirituel et personnel se déroule incognito, délibérément à titre privé. Cependant le couple royal, peu habitué à se préoccuper des difficultés administratives lors des passages de frontières, n'avait pas du tout imaginé les problèmes diplomatiques qui les attendraient pour passer du côté israélien de Jérusalem à la partie de Jérusalem sous contrôle jordanien.

Après quelques longues heures d'attente et mille démarches dont des interventions en haut lieu, ils peuvent enfin partager la même émotion en se retrouvant sur les lieux saints.

Vêtue de blanc – la tenue de cérémonie du Renouveau charismatique – Fabiola gravit lentement aux côtés de son mari le chemin du Calvaire, la Via Dolorosa, en s'arrêtant à toutes les stations qui marquent l'épreuve de Jésus jusqu'à sa mort. Tous deux, très émus, prient intensément ensemble sur cette route millénaire, parcourue par Jésus depuis les oliviers de Gethsémani où il a pleuré, jusqu'au Golgotha. Perdus dans la foule des pèlerins de toutes les nationalités et de tant de religions, ils se recueillent ensemble sur le tombeau d'où le Christ est sorti vainqueur de la mort. C'est un temps très fort et inoubliable dans leurs vies.

Voyage en Suède

Une autre forte émotion mais d'un autre ordre les réunit en cette même année 1964. Leur voyage en Suède.

Pour Baudouin, c'est un retour personnel dans le pays de sa mère. Fabiola sait bien à quel point ce « pèlerinage aux sources » va remuer de souvenirs dans le cœur de son mari. Elle se veut très délicate et discrète, tout en étant très présente par sa tendresse envers celui qui toute sa vie a pleuré sa maman.

L'arrivée à Stockholm est plutôt décevante. Les Suédois ne se sont pas dérangés comme ils le prévoyaient, pour applaudir le couple royal belge tout au long du parcours du cortège officiel. Il n'y a pas la foule escomptée sur le passage de celui qui se sent encore un peu « l'enfant du pays ».

Baudouin reconnaît sans peine l'immense palais de ses grands-parents où il venait souvent étant enfant avec sa mère, et même plus tard. En effet, ses grands-parents Carl et Ingeborg ont continué longtemps à recevoir leurs petits-enfants belges pendant les vacances, afin qu'ils n'oublient pas la famille de leur maman. Les deux grands-parents sont morts désormais. Avec beaucoup d'émotion le roi dépose une gerbe de fleurs sur leur monument funéraire. Puis tous deux se rendent à la Villa Fridhem où tant de souvenirs des jeux de son enfance avec ses cousins, mettent des larmes dans les yeux de Baudouin.

Voyage en Iran

Baudouin et Fabiola participent volontiers aux grandes fêtes internationales où ils rencontrent si souvent rois, reines et chefs d'État que beaucoup sont devenus des amis. C'est ainsi qu'en octobre 1971, ils sont invités à des fêtes grandioses à Téhéran. En effet, l'Iran fête le deux mille cinq centième anniversaire de sa monarchie.

À cette occasion le Shah Mohamed Reza Palhavi et son épouse la reine Farah organisent trois jours de fêtes grandioses où la plupart des têtes couronnées et chefs d'États du monde sont invités. Baudouin et Fabiola s'y rendent, reçus comme des amis de longue date par le couple Palhavi de religion musulmane.

Nous laissons la parole à Farah Palhavi qui, dans ses *Mémoires*[1], relate ces fêtes grandioses où les têtes couronnées se retrouvent joyeusement, où l'on voit le

1. XO Éditions 2003, p. 222-223.

prince Philip d'Angleterre blaguer avec le prince Bernhard des Pays-Bas et Rainier de Monaco.

> «La journée du 14 octobre s'ouvre par le défilé évoquant les armées de toutes les époques de l'Iran. Mille sept cent vingt-quatre soldats sont mobilisés pour cette parade.
> Le soir a lieu le dîner de gala. Le dîner est servi sous une tente longue de soixante-huit mètres et large de vingt-quatre, plantée au milieu du camp [...] Nous connaissons pratiquement tous les souverains et chefs d'État ou de gouvernement présents mais certains mieux que d'autres, quand ils ne sont pas devenus de véritables amis [...] comme les souverains de Grèce, de Belgique, d'Afghanistan... En dépit du protocole, le plaisir de se retrouver est bien réel.
> La soirée s'achève par un spectacle son et lumière suivi d'un feu d'artifice ; c'est très réussi, grandiose[2].»

Colombey-les-Deux-Églises : les obsèques du général de Gaulle

Le 9 novembre 1970, la voix de l'homme du 18 juin s'éteint brusquement lors d'une rupture d'anévrisme, un soir à Colombey-les-Deux-Églises.

Le président Pompidou, dans sa déclaration solennelle à la radio française, annonce : « Le général de Gaulle est mort. La France est veuve.» Depuis longtemps le roi des Belges voue une grande admiration à celui qui a

2. Farah Pahlavi, *Mémoires,* XO Éditions, 2003.

refusé l'emprise de la botte allemande sur la France. À plusieurs reprises Baudouin s'est déplacé soit à Paris soit à Colombey pour lui demander des conseils.

Une foi commune et des responsabilités semblables de chefs d'État facilitaient leur compréhension mutuelle et leurs échanges. Baudouin se considérait un peu comme un fils spirituel du Général. Avec un grand nombre de chefs d'États il se rend à Paris pour la cérémonie nationale à Notre-Dame, puis à Colombey-les-Deux-Églises pour les obsèques.

La plupart, sous prétexte qu'ils sont en représentation officielle, n'osent manifester aucun signe de foi. Sans respect humain, Baudouin se met à genoux sur la tombe et prie tout seul sous les flashs des photographes ébahis.

Bien d'autres voyages officiels ont entraîné le couple royal belge sous tous les cieux du monde pendant la durée de leur règne. Un livre ne suffirait pas à les raconter.

Au milieu de tous les fastes déployés en leur honneur, une constante demeure : ils ont toujours eu trois objectifs.

Créer des liens d'amitié avec les dirigeants de tous les pays visités pour favoriser tous les rapprochements possibles : humains, politiques, religieux, sociaux.

Rendre visite aux plus déshérités du pays pour leur apporter une écoute et une compréhension toutes fraternelles à leurs peines. À leur retour en Belgique, bien souvent ils mettront en place une aide, souvent financière.

Participer à une messe tous les jours tous les deux ensemble avant l'heure des festivités officielles. Cela n'a pas toujours été facile et a posé un certain nombre de problèmes aux responsables du voyage. Par exemple, en

URSS, la difficulté de trouver en un jour un prêtre et une chapelle, a amené les organisateurs communistes à réquisitionner l'unique salle communale disponible. La messe où ils étaient les seuls assistants a eu lieu sous les portraits grand format de Lénine et de Karl Marx, encadrés par la faucille et le marteau.

Chapitre 17

Les lois sur la dépénalisation de l'avortement

Le 16 janvier 1971, un gynécologue belge réputé, Willy Pers, est arrêté après dénonciation et condamné pour avoir procédé à de nombreux avortements clandestins. Un véritable mouvement de protestations en faveur de la légalisation de l'avortement se déclenche alors en Belgique et divise fortement l'opinion.

En France, le 17 janvier 1975, face à la recrudescence des avortements clandestins, la loi sur la légalisation de l'avortement est définitivement adoptée.

Pour le couple royal belge qui a tant espéré avoir des enfants, c'est une injure à la vie et aux droits des embryons, des tout-petits. Leur foi leur interdit toute atteinte à la vie, fût-elle à ses tout débuts. C'est Dieu seul qui est le maître de la vie : ils l'ont bien expérimenté dans le chagrin de leur couple ! Les hommes ne peuvent avoir le droit de la supprimer à leur convenance.

L'exemple de la France est rapidement contagieux. Peu à peu cette idée d'interruption de grossesse franchit la frontière, s'implante dans les esprits de la classe politique belge.

Dans un premier temps, le couple royal bouleversé garde le silence. Pour eux, d'un commun accord, c'est la seule politique possible.

Cela ne l'empêche pas d'être hanté par le désir de ne pas fermer les yeux sur les angoisses de certaines femmes, souvent les plus démunies. Le roi tient beaucoup à mettre en œuvre son don d'écoute et de compassion. Pour lui c'est la première forme de l'Amour. Comme l'a affirmé le père Verhaegen : « Il entrait véritablement dans le cœur de l'autre pour l'écouter[1]. » Comment alors fermer les yeux sur tant de souffrances dans son propre peuple ?

En 1983, la loi sur la dépénalisation de l'IVG est présentée en Belgique de manière officielle. Le couple royal est consterné. Cependant pour eux, il reste un dernier espoir : cette loi, non encore votée, peut ne pas recevoir le soutien de la majorité. Ils prient. Baudouin écrit :

> « J'ai besoin de toi, Seigneur, de ta force, de ton soutien. Envahis-moi, ne me laisse pas voler de mes propres ailes. Tu sais l'angoisse que je porte en moi. La situation en Belgique m'inquiète…
>
> Apprends-moi, Jésus, à être avec les personnes que je rencontrerai ce que tu veux que je sois : un témoin de ton Amour pour les hommes. Mais pratiquement,

1. Philippe Verhaegen, *Une vie au souffle de l'Esprit,* Éditions Racine, Fidélité, 1995.

> Seigneur, dans la place particulière que j'occupe, qu'est-ce que cela veut dire ?
> Comment dois-je m'y prendre ? Esprit Saint, ne me quitte pas d'une semelle, je t'en prie. Sois ma force, ma sagesse, ma prudence, mon humour, mon courage, ma dialectique…
> Je me sens si démuni par le langage ; d'un autre côté, je sais que Tu as besoin de ma faiblesse pour manifester ta gloire.
> Jésus, s'il te plaît, aide-moi à garder le cap toujours et à chaque instant sur Toi[2]. »

Le 6 novembre 1989, le Sénat par 200 voix contre 73 et 7 abstentions adopte la proposition de loi sur la légalisation de l'avortement. Donc une écrasante majorité l'emporte. Mais ce résultat n'est pas suffisant pour la promulgation. La Chambre des députés, face à une opinion publique fortement divisée, n'a pas encore voté.

Dans un premier temps, Baudouin et Fabiola, d'un commun accord, multiplient les messages en faveur de la toute petite enfance, de la défense de la vie de l'embryon et contre l'avortement. Bouleversé dans ses convictions les plus intimes, Baudouin réfléchit, avec l'approbation de son épouse, à employer le dernier recours possible : donner sa démission de roi, renoncer au trône. Ils mesurent tout ce que cela impliquerait, si la loi était finalement votée. Il sait qu'il accomplirait ainsi un acte politique grave qui entraînerait une multitude de critiques et

2. Suenens, *op. cit.*, p. 88.

d'incompréhensions non seulement en Belgique mais dans toute l'Europe.

Depuis des mois, cette question revient constamment dans ses conversations avec Fabiola qui partage complètement son point de vue. Pour eux, enlever la vie à un enfant à naître, fût-il un embryon, reste un crime. Combien de femmes vont désormais s'abriter derrière cette loi si elle est votée pour interrompre leur grossesse !

Par ailleurs combien de concitoyens vont partir en guerre contre l'intolérance des chrétiens, leur manque de compréhension, et leur rigidité. Ils connaissent à l'avance les réactions d'une grande partie de la population qui ne comprendra jamais le pourquoi de leur décision.

Son chapelain témoigne que, dans cette période, le roi Baudouin se lève souvent au milieu de la nuit pour aller prier dans la chapelle du palais royal, à genoux sur la dalle de pierre. Au plus fort de son angoisse et de ses questionnements, il écrit en décembre 1989 :

> « L'étau se resserre, pour le problème de l'avortement… Tout cela, mon Dieu, me force à ne chercher l'appui qu'en Toi seul…
> Conduis-moi, Seigneur… Donne-moi la grâce d'être prêt à mourir pour te suivre. Je pense de plus en plus que, quelle que soit l'attitude que Tu me demandes d'avoir, cela signifiera une espèce de mort.
> Veronica ne m'a jamais dit de signer ou non. Chaque fois que j'en parlais pendant toutes ces années, elle m'a dit : « Le Seigneur vous donnera la lumière au moment voulu. » Sans plus.

> Si je ne l'avais pas fait, j'aurais été malade toute ma vie d'avoir trahi le Seigneur…
> Je me suis embarqué seul, avec ma conscience et Dieu. »

Le 29 mars 1990, la loi est votée par la Chambre des députés par une majorité de 110 voix contre 79. Douze députés se sont abstenus.

Selon leur décision mûrie depuis longtemps, le roi et Fabiola sont désormais prêts à renoncer à la couronne au nom de leurs convictions profondes. Depuis 1831, date de la création du royaume, ce sera un cas unique. L'histoire de toute la lignée des ancêtres royaux de Baudouin et de la Belgique n'a jamais connu de démission de roi.

Cette démission entraînera aussitôt une autre grave question : quelle conséquence sur l'avenir de l'Histoire de la Belgique ?

Le roi donne en mains propres sa lettre de démission au Premier ministre, Wilfried Martens.

Le roi Baudouin Ier écrit :

> Monsieur le Premier ministre,
>
> Ces derniers mois j'ai pu dire à de nombreux responsables politiques ma grande préoccupation concernant le projet de loi relatif à l'interruption de grossesse.
> Ce texte vient maintenant d'être voté à la Chambre après l'avoir été au Sénat.

Je regrette qu'un consensus n'ait pu être dégagé entre les principales formations politiques sur un sujet aussi fondamental.
Ce projet de loi soulève en moi un grave problème de conscience. Je crains en effet qu'il ne soit compris par une grande partie de la population comme une autorisation d'avorter durant les douze premières semaines après la conception.
J'ai de sérieuses appréhensions aussi concernant la disposition qui prévoit que l'avortement pourra être pratiqué au-delà des douze semaines si l'enfant à naître est atteint « d'une affection d'une particulière gravité et reconnue comme incurable au moment du diagnostic ». A-t-on songé comment un tel message serait perçu par les handicapés et leurs familles ?
En résumé, je crains que ce projet n'entraîne une diminution sensible du respect de la vie de ceux qui sont les plus faibles. Vous comprendrez donc pourquoi je ne veux pas être associé à cette loi.
En signant ce projet de loi et en marquant, en ma qualité de troisième branche du pouvoir législatif, mon accord avec ce projet, j'estime que j'assumerais inévitablement une certaine coresponsabilité. Cela, je ne puis le faire pour les motifs exprimés ci-dessus.
Je sais qu'en agissant de la sorte je ne choisis pas une voie facile et que je risque de ne pas être compris par bon nombre de concitoyens. Mais c'est la seule voie qu'en conscience je puis suivre. À ceux qui s'étonneraient de ma décision, je demande : Serait-il normal que je sois le seul citoyen belge à être forcé d'agir contre sa conscience dans un domaine essentiel ? La

> liberté de conscience vaut-elle pour tous, sauf pour le Roi ?
> Par contre, je comprends très bien qu'il ne serait pas acceptable que, par ma décision, je bloque le fonctionnement de nos institutions démocratiques. C'est pourquoi j'invite le gouvernement et le parlement à trouver une solution juridique qui concilie le droit du roi de ne pas être forcé d'agir contre sa conscience et la nécessité du bon fonctionnement de la démocratie parlementaire.
> Je voudrais terminer cette lettre en soulignant deux points importants sur le plan humain. Mon objection de conscience n'implique de ma part aucun jugement des personnes qui sont en faveur du projet de loi. D'autre part, mon attitude ne signifie pas que je sois insensible à la situation très difficile et parfois dramatique à laquelle certaines femmes sont confrontées.
> Monsieur le Premier ministre, puis-je vous demander de faire part de cette lettre, à votre meilleure convenance, au gouvernement et au parlement.
> Signé : S.M. le roi Baudouin I de tous les Belges.

Nous n'avons certes pas la preuve que Fabiola ait participé à l'écriture de cette lettre, mais vu l'importance de cette missive, il est bien évident qu'ils ont passé de longues heures à la rédiger ensemble. Wilfried Martens est démuni. Il est ému par ce roi bouleversé dans ses convictions les plus profondes qui pose une question primordiale : « La liberté de conscience vaut-elle pour tous, sauf pour le roi ? » Et, par ailleurs, il mesure la crise institutionnelle sans précédent qui se prépare et à laquelle il devra faire face sans en voir pour le moment la solution.

La lettre du roi est immédiatement diffusée par tous les médias européens. Sur un sujet aussi brûlant, les opinions se divisent. Certains approuvent le courage de Baudouin, d'autres au contraire critiquent fortement cette position délibérément « chrétienne », justifiée sans doute pour le couple royal mais inapplicable à toute une population de plus en plus éloignée des préceptes évangéliques.

On lui reproche de faire passer sa vie privée et sa foi avant les difficultés de ses concitoyens qu'il refuse délibérément de comprendre. Certains, très en colère, soutiennent que c'est Fabiola avec ses « bigoteries » qui l'a inspiré et lui en veulent. D'autres considèrent que c'est un véritable « coup de marteau » appliqué aux représentants du peuple belge. Tous mesurent la gravité de la situation face à cette crise institutionnelle sans précédent. Après presque un siècle et demi de royauté, la Belgique se trouve sans roi.

Devant la multitude de critiques suscitées par la publication de cette lettre, le roi reconnaîtra plus tard :

> « J'ai simplement fait ce que je devais faire. Me connaissant je n'aurais jamais cru avoir une telle audace. Je n'ai pu le faire que par la force du Saint-Esprit[3]. »

Position qui fait hurler ceux qui ne partagent pas les mêmes convictions ! Devant la gravité de la situation les

---

3. Daniel Ange, « Un acte audacieux », in *Feu et Lumière*, 1990.

deux Chambres se réunissent en session extraordinaire. De longues discussions soulignent la divergence des opinions.

Après cette lettre officielle de démission, le roi est considéré « comme dans l'impossibilité de régner ». C'est donc, le Conseil des ministres qui exercera les prérogatives du roi en attendant une issue à cette vacance que beaucoup pourtant comprennent et respectent, même s'ils ne la soutiennent pas. Dans la nuit du 3 au 4 avril 1990 le Conseil des Ministres se réunit au château de Stuyvenberg.

Le gouvernement signe la proposition de dépénalisation de l'avortement. Cet acte historique est transmis en direct à la télévision. Une période cruciale pour la Belgique. Et son roi.

Mais quelle sera la suite ? Le roi doit-il abdiquer ? La radio officielle annonce que la Belgique n'a plus de roi. Après plusieurs heures de débat et une heure de délibération, les deux Chambres réunies en session extraordinaire s'accordent pour voter « la fin pour le roi de son impossibilité de régner », donc son retour sur le trône et la reprise de sa place de chef de l'État.

Il n'y a pas de vote contre. 245 voix favorables et 93 abstentions. Étrange décision, certes un peu boiteuse, mais qui a permis le vote de la loi sans l'assentiment du roi. Une première en Belgique et dans le monde !

Le roi et la reine peuvent reprendre leurs fonctions. Situation périlleuse. Les souverains ont vécu une des crises les plus lourdes de leur vie.

Quelques jours plus tard, Radio-Vatican diffuse un communiqué :

> « Le roi Baudouin de Belgique a adopté une position noble et courageuse. Cette décision a été dictée par une très haute conscience morale et par un indiscutable sens de l'État. »

Des lettres de félicitations et d'encouragements, des bouquets de fleurs en remerciements, des dessins d'enfants, des photos de bébés affluent alors au Palais royal. Une grande partie de la population a su admirer l'attitude courageuse de son roi.

Tous les médias étrangers s'emparent du sujet. Les avis sont nécessairement divisés, cependant un grand nombre souligne le courage de ce roi prêt à renoncer à la couronne afin de ne pas trahir ses convictions.

En France, Frédéric Mitterrand écrit dans le *Figaro-Magazine* :

> «Je ne crois pas qu'un roi puisse signer ce qui contredit sa conscience. Je regrette que l'on réduise sa volonté à des rumeurs humiliantes sur sa vie personnelle alors qu'elles ont toujours eu valeur d'exemple. J'admire que sa droiture s'exerce dans la popularité comme dans l'isolement.
>
> Je souhaite que ses pouvoirs demeurent intacts. Républicain en France je n'ai jamais été autant monarchiste en Belgique[4]. »

4. Don raymond, *Le règne de l'Amour*, Éditions saint Jean Évangéliste, 2002, p. 71.

Quelques semaines plus tard, Maurice Béjart, longtemps directeur de la chorégraphie au Théâtre de la Monnaie à Bruxelles, dédie un de ses ballets au roi Baudouin et ne se cache pas pour déclarer à un journaliste :

> «J'aime votre roi[5]. C'est un être très humain. Il n'y a pas tellement d'êtres humains à un aussi haut niveau… Je n'ai jamais rencontré quelqu'un qui a gardé tant de fraîcheur, d'humanité, de profondeur. C'est un être rare, et la Belgique a beaucoup de chance d'avoir un roi comme celui-là.»

---

5. Cardinal SUENENS, *Souvenirs et Espérances,* Éditions Fayard, 1991. p. 302.

Chapitre 18

Quand les critiques pleuvent sur la foi chrétienne du couple royal

Il n'est pas facile de vivre en chrétien dans un monde qui ne l'est plus, ou qui ne songe qu'à le railler. La loi sur la dépénalisation de l'avortement a posé un problème qui a trouvé un compromis viable, mais beaucoup ont critiqué les réticences du roi. Bien d'autres questionnements agitent le peuple belge

L'attitude chrétienne affichée des souverains belges soulève sans cesse de nouvelles interrogations et attire des critiques – certainement très dures pour eux quand ils les lisent dans la presse ou les entendent à la radio.

L'influence de Fabiola sur le roi est sévèrement jugée. On la traite de « nonne », de « bigote », de « grenouille de bénitier ». Le bruit court que le palais royal est devenu un couvent où règnent l'austérité et une piété déplacée. Un magazine affirme que les fêtes de Noël chez eux, au lieu d'être festives et familiales, se seraient déroulées en prières : « quatre heures non-stop » suivies d'un potage et d'un fruit !

La presse ne se cache pas pour affirmer que Baudouin n'est plus le roi des Belges, mais le roi des curés, des couvents et des bonnes sœurs, qu'il est sous la coupe du cardinal Suenens, qu'il ne connaît plus que lui.

On accuse le roi de s'isoler chaque jour davantage de son peuple, d'être méprisant et de se draper de plus en plus dans une religiosité incompréhensible pour beaucoup de Belges, hostiles à toute religion. Des bruits courent affirmant que depuis que le couple royal est « tombé dans la piété », la morale est devenue intransigeante dans les fonctions officielles : homosexuels, divorcés sont licenciés sans raison valable. Tous ces licenciements sont dictés par l'influence autoritaire de la reine qui rejette systématiquement ceux « qui ne sont pas dans le droit chemin ». Dans la même ligne, une certaine presse prétend que le roi accorde les meilleurs postes aux catholiques pratiquants et les refuse aux autres…

On critique aussi leurs fréquentations. L'amitié de Franco pour le couple royal, et spécialement pour Fabiola, est vivement critiquée. Une lettre de menace de mort est même adressée à la reine en 1975. Et ne parlons pas des calomnies sur leurs vies privées qui s'étalent dans revues et biographies.

Ce n'est certainement pas sans une grande souffrance que l'un et l'autre reçoivent ces critiques qui, bien sûr, parviennent à leurs oreilles. Inévitablement elles les blessent dans leurs convictions les plus intimes et les plus chères.

Dans son Sermon sur la Montagne, le Christ avait déjà affirmé : « Heureux êtes-vous lorsque les hommes vous haïssent, lorsqu'ils vous rejettent, et qu'ils vous insultent à cause de moi »... (Lc 6,3). C'est ce que vivent exactement au quotidien Baudouin et Fabiola.

Depuis que les chrétiens existent, si l'on remonte aux débuts du christianisme, très souvent ils ont été incompris, raillés, rejetés, persécutés.

Cependant, pour ne pas entrer dans la polémique et pour comprendre l'attitude du couple royal face à « ceux qui ne sont pas dans le droit chemin », il importe de se reporter à la mentalité chrétienne telle qu'elle régnait dans la société, à l'attitude maladroite parfois de l'Église pendant ces années. Et qui plus est, de l'Église espagnole. On peut constater que l'Église porte depuis quelque temps une attention toute particulière aux divorcés et homosexuels. Mais surtout, il ne faut pas juger d'une époque avec nos yeux actuels...

Quant à critiquer le roi pour son attribution de postes à ceux qui pensent comme lui, personne n'ignore que cela existe depuis toujours. C'est une décision de prudence et de sagesse. Comment imaginer un poste de confiance près du pouvoir, confié à une personne délibérément hostile aux valeurs que l'on défend ?

Chapitre 19

Les inquiétudes de Fabiola pour son mari

Depuis quelque temps Fabiola est inquiète pour la santé de son mari. Le moindre effort l'essouffle; il ralentit ses activités. Il marche voûté. Sans doute préoccupé, à juste titre, il est souvent sombre tout en restant toujours discret sur ses maux. Il n'est pas impossible que le cas de conscience posé par la loi sur la dépénalisation de l'avortement et le combat qui s'est ensuivi ait fragilisé l'état de son cœur.

Depuis plusieurs mois, il est suivi par les meilleurs cardiologues de Bruxelles. La reine l'accompagne dans toutes les visites, si bien qu'elle n'ignore rien de l'état de fragilité cardiaque du roi. Les spécialistes de l'hôpital Saint-Luc de Bruxelles préconisent beaucoup de repos et surtout conseillent d'annuler les voyages officiels en commençant par celui qui est prévu en Suède pour le mois de mars 1992.

Il y a longtemps que le roi a conscience qu'il est malade, atteint du syndrome de Barlow, une maladie cardiaque rare. Certes, il se veut « dans les mains de Dieu », mais ce n'est pas pour autant une attitude facile à vivre au quotidien. Il sait sa succession de roi assurée, puisque son neveu Philippe sera roi des Belges après lui... Mais il sait aussi que lorsqu'il mourra, sa Fabiola restera seule avec toutes les conséquences que cela peut avoir pour une épouse de roi en exercice qui perdra la souveraineté.

Le parcours humain de cette période est pour lui un vrai chemin de croix partagé avec son épouse. Chacun dissimule son inquiétude à l'autre autant qu'il le peut, afin de ne pas l'inquiéter. Déjà cinq ans auparavant, Baudouin avait écrit dans son carnet après une retraite au monastère de Bethléem en Haute-Savoie :

> « Mai 1987 :
> Retour dans le monde. Je sens un bienfait énorme après ces quatre jours de « désintoxication ». La prière dans le silence intérieur et extérieur a rechargé mes batteries. C'est en Dieu que je dois rechercher le repos, nulle part ailleurs. »

Et un an plus tard, en décembre 1988 :

> « Je tâche de faire ce qu'il faut pour me remettre le plus vite possible en forme en alternant lectures, promenades à bicyclette, jogging sans forcer la dose à aucun moment. Parfois il m'est difficile d'accepter de me sentir si faible physiquement par rapport à ce que je faisais il y a un an encore.
> Jésus, apprends-moi à faire ce que je peux et à assumer les effets de l'âge et d'une année qui a été une des plus dures de mon règne. Apprends-moi

la douce persévérance qui arrive souvent beaucoup plus loin que la volonté en force[1]. »

Au début de l'année 1992, les cardiologues bruxellois préconisent une opération à cœur ouvert. Cette délicate intervention ne peut se dérouler qu'à Paris : les spécialistes de l'hôpital Broussais, en particulier le professeur Alain Carpentier – le chef du département de chirurgie cardio-vasculaire –, sont les meilleurs au monde. On peut faire toute confiance à cette équipe.

Par ailleurs l'opération se déroulera de manière plus discrète à Paris. Si le roi était hospitalisé à Bruxelles, la nouvelle se répandrait comme une traînée de poudre : on trouverait des photographes dans tous les couloirs de l'hôpital ou perchés dans les arbres devant les fenêtres de sa chambre !

Dans le plus grand secret, tous deux, appuyés l'un sur l'autre au physique comme au moral, se rendent à Paris. Dans l'appartement de la rue d'Artois qui leur appartient depuis la mort de doña Bianca, ils se soutiennent mutuellement en attendant cette opération, encore très risquée à cette époque. Personne n'est au courant de l'opération.

Pendant toute la longue période de l'hospitalisation de son mari, Fabiola ne quitte sa chambre que lorsque le règlement de l'hôpital l'impose. Chaque jour, elle attend avec impatience l'heure des visites autorisées et reste près de lui jusqu'à la fin. Ils ne parlent pas beaucoup, mais ils sont ensemble. Ils peuvent se tenir par la main.

1. Suenens, *op. cit.*, p. 124.

Ils traversent à titres différents une épreuve majeure. Elle est alors une simple épouse, comme les autres, qui tremble devant les suites de la délicate opération de l'homme qu'elle aime. Baudouin a besoin de sa présence. Mais Fabiola également a besoin de la sienne.

Quand elle n'est pas à son chevet, elle est si inquiète... Et lorsque son épouse n'est pas près de lui, Baudouin guette le moment où sa silhouette s'encadrera dans la porte de sa chambre.

Tous deux prient et remettent tout dans les mains du Seigneur.

Le 18 mars 1992, le Palais royal annonce dans un bref communiqué que « le roi Baudouin de Belgique a été opéré à Paris dans le service de cardiologie de l'hôpital Broussais ». À la demande de Fabiola le communiqué est volontairement laconique pour éviter trop de commentaires.

Malgré cette discrétion, toute la Belgique, consciente de l'amour réciproque du couple royal, mesure l'épreuve qu'il traverse. Fabiola a raconté l'anecdote suivante :

> « Un jour au cours d'une visite dans un hôpital, une malade lui a dit “Madame, savez-vous pourquoi nous vous aimons tellement ?” Sans attendre ma réponse, elle ajouta, “Madame, c'est parce que vous rendez le roi si heureux[2]” ! »

Après trois semaines d'hospitalisation, Baudouin bien que faible peut enfin quitter l'hôpital. Pour sa

2. *Ibid,* p. 303.

convalescence il ira se reposer au calme, à Motril, dans leur villa en Espagne. Fabiola l'entourera de sa spontanéité, de sa fraîcheur et de sa gaîté.

Chapitre 20

Motril, la maison du bonheur

Pendant les premières années de leur mariage, Baudouin et Fabiola ont passé leurs vacances à Zarautz, au Pays basque espagnol, auprès de doña Bianca. Dans la maison familiale où frères, sœurs, neveux et nièces se rendaient chaque année, les retrouvailles créaient des liens entre les générations. Les grandes tablées de cousins étaient toujours sources de rires et de joyeuses plaisanteries sous les yeux aimants de leur grand-mère.

Comme tous les couples arrivés à une certaine maturité, Baudouin et Fabiola souhaitent un jour passer des vacances plus indépendantes. Ils ont besoin aussi de la lumière et du soleil de l'Espagne, en particulier Fabiola. Quand on a passé son enfance à Madrid, et qu'on vit en Belgique où pluies, ciels gris et brouillards se succèdent pendant des mois, la chaleur, la mer et le soleil sont ardemment souhaités.

En 1970, le couple royal fait construire une maison de vacances à Motril en Andalousie, dans la région de Grenade. D'un côté la mer avec ses plages de sable fin et ses palmiers, de l'autre côté la Sierra Nevada aux cimes souvent enneigées qui se détachent sur le ciel bleu. Un parc boisé autour de la maison maintient une ombre douce et dégage une certaine tiédeur aux heures les plus chaudes de l'été andalou. Loin de l'ameublement imposé de leurs résidences officielles, ils ont choisi ensemble les meubles simples et confortables de leur cadre de vacances.

Les promeneurs qui arpentent le sentier littoral au pied de leur villa n'ont pas de peine à deviner le nom des propriétaires de cette longue maison blanche à deux étages, entourée d'une grande terrasse abritée par des parasols de couleurs vives. En effet sur le portail un écriteau indique : « Villa Astrida ». Les non-initiés lisent, sans en comprendre la raison, le nom de « Avila » peint sur la coque du bateau amarré devant la villa, prêt pour de belles sorties sur la Grande Bleue.

La maison est spacieuse avec de nombreuses chambres claires pour accueillir les invités. En effet, en construisant cette maison, le couple royal souhaite qu'elle soit aussi une maison familiale d'accueil et de partage pour leurs nombreux neveux et nièces, avec leurs enfants, leurs bébés et leurs amis. Une grande piscine fait la joie de tout le monde au cours des chauds étés andalous.

Les fêtes de Noël également remplissent souvent la villa Astrida. Tous deux savent célébrer joyeusement la Nativité devant une belle crèche qu'ils ont eux-mêmes préparée. La distribution des cadeaux fait la joie de tous.

Mais quand les souverains sont fatigués ou que les soucis accablent le roi, ils s'y rendent au cours de l'année en amoureux, seuls, pour une semaine de détente. Fabiola est heureuse de faire la cuisine elle-même et de préparer pour son mari les meilleurs des petits plats espagnols de son enfance.

Grâce à leur présence à de nombreux concerts et en particulier au concours reine Élisabeth, ils possèdent une importante discothèque, avec des œuvres dédicacées, bien souvent interprétées par les virtuoses rencontrés lors des concours. Tous deux communient vraiment dans leurs goûts musicaux. Bach et Chopin sont leurs musiciens préférés. Fabiola apprécie spécialement les Préludes de Chopin composés à Valldemosa, sous le ciel de Majorque qu'ils connaissent bien. À plusieurs reprises, ils y ont rendu visite au roi Juan Carlos et à la reine Sofia dans leur palais de Palma. Pour Fabiola, Juan Carlos est comme un frère. Ils se connaissent depuis l'enfance.

Quand Fabiola et son mari lisent ensemble sur la terrasse, l'un à côté de l'autre, ils savourent leur bonheur qui entraîne des échanges riches qui les rapprochent encore.

Ils se retrouvent régulièrement face à Dieu dans la prière pour lui présenter leur couple avec ses soucis et ses difficultés, pour lui demander sa lumière lorsque des décisions importantes doivent être prises.

Baudouin a construit lui-même un peu plus loin une sorte de petit observatoire pour étendre son champ d'expérience. En effet, il est passionné d'astronomie et érudit en la matière. Il est président d'honneur de la Société royale belge d'astronomie. Ils aiment le soir regarder le ciel étoilé. Ils connaissent les noms de beaucoup de constellations et s'émerveillent devant ces immenses ciels dégagés de l'Andalousie quand toutes les étoiles caressent la terre de leur « obscure clarté ».

Bien souvent par les chaudes nuits d'été, ils les regardent de leur terrasse. L'immensité et la beauté du ciel les rapprochent de Dieu. Il écrit :

> « Père, fais qu'en contemplant les étoiles, je devienne plus croyant et plus humble[1]. »

Cependant à la fin de ce séjour de convalescence à Motril, Baudouin, conscient de la gravité de son état, écrit :

> « Je dois te confier, Seigneur, que j'ai peur du retour dans six jours car je me sens beaucoup plus fatigué qu'au début : le moindre petit effort me met hors d'haleine. Je dors mal et souvent des migraines me tenaillent la tête.
> Mais, Jésus, je sais aussi que c'est toi le vrai repos et en moins d'une seconde, tu peux me donner des forces plus que je n'en ai jamais eu.
> Ma douce mère, apprends-moi à dire merci à Jésus, toujours et partout[2]. »

Fabiola est toujours présente. Elle assiste impuissante à tous les malaises de son époux. Ils en parlent peu, mais elle le rassure dès qu'elle le sent angoissé. Les yeux de l'amour savent deviner ce que ni l'un ni l'autre n'ose exprimer.

---

1. *Ibid.*, p. 149.
2. *Ibid.*, p. 124.

Dans le secret de son âme elle prie Dieu de lui garder le plus longtemps possible l'homme qu'elle aime. « Seigneur que ton amour soit sur nous comme notre espérance est en toi[3]. » Le retour à Bruxelles se fera vers la fin de l'été. Après ces semaines de calme et de détente à Motril, le roi peut reprendre doucement une partie de ses activités.

3. Psaume 32.

Chapitre 21

Voyage officiel à Paris

Le 30 novembre 1992, le président de la République française, François Mitterrand, accueille à Orly les souverains belges. La santé du roi est rétablie. Un peu amaigri dans sa tenue militaire, il est souriant auprès de Fabiola tout aussi souriante. Ils sont heureux. La vie recommence et tous deux aiment tant Paris ! Le premier mot de Fabiola à sa descente d'avion est pour remercier le président de l'accueil de la France lors de l'opération de son mari, et pour le féliciter de la haute compétence de ses équipes médicales.

Selon le protocole, il est prévu que le roi dépose une gerbe de fleurs sur la tombe du Soldat inconnu sous l'Arc de Triomphe. La Brabançonne et la Marseillaise éclatent. Un grand moment.

Les Parisiens se sont déplacés en masse pour voir passer le cortège. Tout au long du trajet, ils agitent des drapeaux aux couleurs de la Belgique et acclament ses souverains, hôtes d'honneur d'un jour de la France. Personne n'ignore la récente opération de Baudouin. En ce jour, les Français fêtent aussi sa guérison.

Les cimes des arbres des Champs-Élysées gardent encore les couleurs de l'automne. Elles apparaissent en fond derrière les couleurs vives et alternées des drapeaux de la Belgique et de la France, doucement balancés par un vent léger tout le long de la plus célèbre avenue du monde. Des électriciens s'affairent déjà à préparer les fameuses illuminations de Noël des Champs-Élysées.

Paris est en fête.

Le moment est magique et inoubliable pour le couple royal. Après de longs mois de maladie, d'hospitalisation et de convalescence, c'est une résurrection, un retour à la vie pour tous les deux.

Le programme du voyage a été un peu allégé en fonction de l'état de santé du roi des Belges. Une visite du Louvre guidée par Jack Lang que Baudouin saluera particulièrement chaleureusement, leur fera admirer quelques-uns des plus beaux chefs-d'œuvre de la peinture française. Après les entretiens entre les chefs d'État, un dîner de gala est servi à l'Élysée.

En sourdine, l'orchestre de la Garde républicaine joue la première suite des *Indes Galantes* de Rameau. Musique française oblige !

Le dîner, servi dans une vaisselle en porcelaine de Sèvres, s'inscrit tout à fait dans la meilleure tradition culinaire française :

Douceur de Saint-Jacques Grand Palais.

Poularde périgourdine avec son escalope de foie gras et sa Chartreuse de champignons.

Plateau de fromages français.

Nougatine glacée ardéchoise.

Le roi prononce un discours en faveur de l'Union européenne qu'il a accueillie chez lui à Bruxelles dès ses débuts et qui pour lui est d'une importance capitale. Elle est un lien d'amitié entre tous les pays et un gage de paix après tant d'années de guerres. Son désir de rapprochement, de paix et d'entente entre les divers pays qui la composent est pour lui une valeur évangélique. Certes, ce n'est pas lui personnellement qui a commencé l'édification de l'Union européenne, mais il a suivi de très près et encouragé les longs travaux de la construction européenne sur le sol belge, dans sa capitale. Et dès les débuts, il a applaudi des deux mains les différentes étapes de cette réconciliation définitive entre pays ennemis et la construction d'amitiés nouvelles entre peuples qui bien souvent s'ignoraient ou s'entre-tuaient.

Pour Baudouin de Belgique, la construction de l'Europe n'est pas seulement politique, entre les mains de fonctionnaires et d'élus parlementaires. Elle est l'œuvre de tous. Chaque personne de chaque nation doit élargir son cœur pour être capable de l'ouvrir à de nouvelles dimensions, à des cultures nouvelles, à des compréhensions plus ouvertes des pays voisins.

Comme dans tous ses discours le roi se donne comme mission d'apprendre aux peuples à vivre ensemble et à apprécier leurs différences. Ce thème est devenu un leitmotiv dans toutes ses interventions : regarder l'autre, reconnaître ce qu'il y a de beau en lui et communier avec lui à tout ce qu'il apporte de meilleur. C'est à ce prix que la construction de l'Europe sera féconde.

À la fin du banquet le roi se lève et prononce ces paroles, porteuses d'une mission pour chaque membre de l'Union européenne :

> « C'est chaque citoyen qui par son comportement quotidien, sa créativité, sa générosité, son respect des autres, assurera la vraie grandeur de nos pays et de l'Europe. C'est dans cet espoir que je lève mon verre à la santé du président de la République et de madame Mitterrand, et à l'amitié entre nos deux pays[1]. »

Une suite leur a été réservée à l'hôtel Marigny, propriété de l'État proche de l'Élysée, servant de résidence d'accueil aux souverains étrangers en visite officielle.

Le lendemain matin, de bonne heure, il fera encore nuit dans les rues de Paris quand bras dessus, bras dessous, ils se glisseront incognito le long du trottoir pour assister à une messe selon leur habitude.

Certains se poseront la question : pourquoi une telle assiduité à la messe quotidienne ? Pour eux la messe n'est ni une satisfaction personnelle, ni une routine, ni une habitude de « bien-pensants ».

Pour l'un et l'autre, c'est avant tout le pain de la route, d'une route longue et lourde, faite des millions de visages de ce peuple belge qui attend quelque chose d'eux : tant de misères dans leur pays à porter devant le Seigneur, tant de souffrances, tant de pauvretés… et tant d'amour dans leurs cœurs.

---

1. Seguy et Michelland, *op. cit.*, p. 218.

Pour eux, être roi et reine c'est prendre dans sa prière chaque jour les intentions de tout leur peuple pour les confier à Dieu.

Dans le silence du petit matin, de cette prière commune d'un homme et d'une femme qui s'aiment et confient tout à Dieu, vont jaillir des initiatives nouvelles, des projets souvent audacieux, des écoutes du cœur particulièrement attentives aux aspirations profondes de leurs interlocuteurs, qu'ils soient champions sportifs, vedettes de cinéma, balayeur de rues ou petite fille leur offrant un bouquet de fleurs.

Dans leur prière commune ils confient au Seigneur tous les malheureux du jour dont la radio, écoutée tôt le matin, vient de se faire écho : les victimes des catastrophes naturelles, des injustices sociales, des licenciements, les enfants maltraités... Ces prières sont toujours restées dans l'intimité de leur couple.

Bien peu pouvaient imaginer son intensité car, bien qu'ils n'aient jamais caché ou renié leur foi, ils n'ont jamais cherché à l'imposer ni à convertir quiconque.

À cette date, Baudouin écrit :

> « Même si je ne sens rien, je sais que ton Amour me transforme, me purifie, me rend plus sage, plus patient, plus compatissant, plus aimant. Très Saint-Esprit, fais que rien en moi ne soit obstacle à tout ce que le Père veut déverser dans mon cœur.
> Père Tout-Puissant et miséricordieux, je Te confie et T'offre le monde qui souffre parce que ses dirigeants ne Te connaissent pas et ignorent Ton Amour.

Protège la Russie, la Yougoslavie, la Belgique, le Zaïre, le Rwanda et le Burundi, le Cambodge[2]… »

2. Suenens, *op. cit.,* p. 139.

Chapitre 22

L'année 1993

Malgré l'opération à cœur ouvert de l'année précédente, le couple royal est bien conscient que la santé de Baudouin se détériore. Depuis quelque temps déjà, le roi a beaucoup de peine à assurer jusqu'au bout les réceptions officielles. Les petits malaises se succèdent, une grande fatigue l'envahit trop souvent.

Comme toute personne humaine qui sent que la vie va lui échapper, il est rempli d'angoisse. Jésus lui-même à Gethsémani a éprouvé des sentiments semblables. Dans sa détresse, sa foi plus forte que jamais l'aide à s'en remettre à Dieu. Il écrit :

> « Par moments je sens que la mort approche et je voudrais ne pas m'en inquiéter. Je sais que je suis dans tes mains, que Tu es Tout-Puissant et que tu m'aimes. Jésus, les saints savent souffrir dans la joie. Je t'offre mon incapacité, mon rien[1]. »

1. *Ibid.*, p. 134.

Fabiola fait son possible pour cacher son inquiétude, le comprendre et l'aider. Sa paix intérieure et son sourire sont une aide considérable pour son mari. Tous deux s'abandonnent à Dieu. Baudouin écrit dans son carnet :

> « Seigneur, je suis fatigué, je n'arrive pas à me reposer la nuit, et le jour je ne vis pas assez abandonné en Toi, d'où toutes sortes de tensions et de déséquilibres. Apprends-moi à vivre avec sagesse en ne Te quittant pas du regard [...] Seigneur, apprends-moi à Te donner ma vie sans la réclamer en retour mais en la respectant car elle t'appartient[2]. »

Le 21 juillet 1993 est la Fête nationale belge. Défilé militaire, fanfares, étals de moules frites sur la Grand-Place de Bruxelles, musique dans les rues, concours de tirs à l'arbalète, bals et feux d'artifice accompagnent cette journée populaire. Selon la tradition, ce jour-là, le roi dans un discours solennel adapté à la situation du moment s'adresse à son peuple.

En cette année 1993, il se sent très fatigué. Chaque geste est un effort. Mais il est le roi et il porte en lui des valeurs essentielles qu'il tient à transmettre à ses concitoyens. C'est son devoir et peut-être même... son testament spirituel. Il travaille longuement le texte de son discours, un discours qui ne s'adressera pas uniquement aux Bruxellois mais à tout son peuple puisqu'il sera retransmis en direct à la télévision.

2. *Ibid.*, p. 138.

> « Mes chers compatriotes, la fête Nationale que chaque année, nous célébrons ensemble, nous donne l'occasion de nous réjouir dans la convivialité, mais aussi de faire le point sur la situation de notre pays et de réfléchir aux défis du lendemain. »

Suit une longue exposition de la situation de la Belgique devenue État fédéral au sein de la Communauté européenne. Le roi en appelle au bon esprit de chacun :

> « Ce qui importe maintenant, c'est de faire fonctionner au mieux les nouvelles institutions. Cela nécessitera de la part de tous les responsables un esprit de conciliation, de bonne volonté, de tolérance et de civisme fédéral.
> Un de nos soucis sera donc de promouvoir une citoyenneté responsable où les femmes et les hommes de notre pays s'intéressent de façon constructive aux grands enjeux de notre société. »

Il évoque ensuite longuement un à un les défis que la Belgique doit affronter : l'emploi, le chômage, le marché du travail, la compétitivité de l'économie, le redressement des finances publiques, la sécurité, l'enseignement. Pour chaque rubrique il souligne l'importance de la participation de chacun, sa bonne volonté et la responsabilité de tous les citoyens face à cette tâche collective. Il fait ensuite appel à l'ouverture des esprits, à l'adaptation aux nouvelles situations et surtout à la construction d'une Europe forte, seule capable de faire face aux crises majeures du XXe siècle…

> «[…] Je terminerai en évoquant notre tâche européenne. Depuis trois semaines et jusqu'à la fin de l'année, la Belgique assure la présidence de la Communauté […].
> Il est nécessaire de faire progresser une Europe véritablement fédérale. C'est en effet cette Europe-là qui peut le mieux nous aider à combattre la crise économique, à défendre l'emploi, et à résister aux leurres du chacun pour soi et des nationalismes étroits et néfastes.
> C'est elle aussi qui doit nous permettre de mieux assumer nos responsabilités à l'extérieur de la Communauté. La tragédie qui se poursuit si près de chez nous en ex-Yougoslavie nous démontre chaque jour la nécessité et l'urgence d'une approche commune.
> Voilà mes chers compatriotes, les réflexions que je voulais partager avec vous. La Reine et moi souhaitons à chacun de vous et à vos familles une heureuse Fête nationale.»

À la fin de ce long discours le roi est épuisé, mais il a transmis à son peuple les valeurs qui lui tiennent le plus à cœur. Sa mission est accomplie. Dans quelques jours le roi et la reine s'envoleront pour Motril où ils pourront se reposer jusqu'à la rentrée de septembre.

Chapitre 23

À la rencontre de Dieu

Comme chaque année, le séjour à Motril apparaît comme un moment de retour à une vie plus simple et reposante. Le grand air, le soleil, les longs moments de repos sur la terrasse et surtout l'absence de contraintes professionnelles devraient contribuer à un regain de santé.

En cette année 1993 où Baudouin est très fatigué, il n'y aura pas d'invités à Motril, pas de jeunes couples de neveux avec des enfants qui feront du bruit, pas de fêtes particulières prévues. Ce sera un repos complet.

Fabiola sera entièrement disponible pour s'occuper de son mari ; ils auront du temps et de l'intimité pour se manifester leur tendresse mutuelle ; elle confectionnera elle-même les plats qu'il préfère ; ils liront ensemble comme souvent et surtout ils auront davantage de temps pour prier.

Plus que jamais Fabiola sait que son époux a remis totalement sa vie à Dieu, qu'il est dans ses mains comme un petit enfant dans les mains de son père. Elle aussi confie leur couple à Dieu.

Sans cesse elle regarde Baudouin respirer, car elle le trouve toujours plus pâle et essoufflé. La vie doit pourtant continuer comme avant. Elle voit son angoisse, mais ne veut pas l'inquiéter davantage en lui manifestant son propre souci. Elle se veut enjouée, rassurante et plus que jamais elle l'entoure de tendresse. C'est le seul langage qui puisse maintenant ouvrir un rayon de soleil dans son anxiété.

Le 31 juillet Fabiola a organisé chez eux « une chaîne de prières ». C'est une manière habituelle pour eux de venir en aide à des personnes en difficulté. Par journée, une heure de prière est attribuée à des proches, chacun à tour de rôle – qu'ils soient sur place ou chez eux –, pour la guérison d'un malade dont on ne connaît pas forcément l'identité mais qu'une personne a recommandé à leur prière. Nous en avons le témoignage par un écrit de Baudouin. Ce sera le dernier texte de son carnet :

> « Il y a depuis minuit une chaîne de prières dans la maison. On m'a mis entre 9 et 10 h du matin, ce qui est très confortable.
> Viens Esprit Saint prier en moi : je me sens sec et fatigué. Maman, c'est à toi que je vais sans trop d'effort ; je tâcherai, dans la foi, de me mettre à tes pieds, collé à toi. Que ce soit toi qui me portes dans la prière pour notre malade, et dans l'adoration du Père. Je t'offre toute ma faiblesse.
> Je te supplie, Jésus, donne-moi ta paix, ta joie, ton feu d'Amour. Puis-je Te demander aussi, Seigneur,

> de me rendre persévérant pour écrire mon journal et étudier mon allemand[1].»

Son émouvant appel à sa maman montre à quel point toute sa vie elle fut présente dans ses pensées. Mais peut-être est-ce aussi un appel à Marie ? On ne saura jamais.

L'après-midi se passe calmement. Le roi, allongé sur sa chaise longue, lit tranquillement sur la terrasse, devant la porte-fenêtre de son bureau. Fabiola prépare le repas. Quand l'heure de dîner arrive, elle l'appelle. Pas de réponse. Au bout d'un moment devant son deuxième appel resté à nouveau sans réponse, elle va à sa rencontre.

Mon Dieu ! Baudouin très pâle, est étendu par terre, inanimé, le livre est tombé de ses mains. « Ce n'est pas possible ! Il n'est pas mort... » La montre qu'il porte depuis des années à son poignet et qui sonne toutes les heures pour lui rappeler de prier, continue à égrener ses brefs tintements. Il n'en a plus besoin. Dieu l'a déjà accueilli.

Fabiola appelle tout de suite le docteur Aguado, un cardiologue des environs. Il accourt en pleine nuit mais il n'y a désormais plus rien à faire et il ne peut que constater le décès du roi.

Une des premières personnes que Fabiola songe à prévenir, après les autorités belges, c'est Juan Carlos, le roi d'Espagne, son ami d'enfance. En ce mois de juillet, il séjourne dans sa résidence d'été l'Almudaina à Palma de Majorque. Avec son épouse la reine Sofia ils arriveront

1. *Ibid.*, p. 150.

tout de suite près d'elle au cours de la nuit pour l'entourer et accompagner le corps du roi à l'aéroport de Grenade.

Un Boeing 727 de la force aérienne belge le ramènera aux côtés de la reine à l'aéroport de Melsbroeck. À l'arrivée, tous les membres du gouvernement sont là, au pied de l'avion. Leur silence en voyant passer le cercueil de leur roi traduit l'émotion unanime. Dès la nuit toutes les radios ont diffusé la nouvelle. De nombreuses personnes ont déjà déposé des fleurs et des bougies devant le Palais royal. Toute la Belgique, même ceux qui l'ont tant critiqué, est en deuil et pleure son roi.

Chapitre 24

Tout un peuple uni dans le deuil

Pendant de longs jours, une intense activité politique et diplomatique tient la Belgique en haleine. Il s'agit d'organiser des funérailles nationales auxquelles la plupart des chefs d'État d'Europe et même du monde seront présents.

C'est aussi toute une nation qui se sent orpheline et qui se sent proche et unie dans la même tristesse.

L'œuvre du règne de Baudouin et Fabiola pour le rapprochement de tout un peuple malgré les divergences d'opinions se trouve réalisée en ce jour de deuil.

Au cours de son allocution radiotélévisée, le Premier ministre souligne le rôle de la reine auprès de son époux, rôle d'amour au quotidien, qui n'a échappé à personne :

> «[...] Nos pensées vont d'abord à la reine dont nous partageons la douleur. Elle a été un soutien merveilleux pour son mari pendant toute leur vie commune que les épreuves n'ont pas épargnée...»

Le panégyrique du roi n'est pas qu'un discours de circonstance. Malgré son contexte politique nécessairement conventionnel, les grandes préoccupations chrétiennes de la vie du couple royal sont exposées au grand jour, et en particulier leur attention aux plus démunis. L'histoire du peuple belge restera liée à tout l'amour qu'ils ont donné à grandes brassées autour d'eux.

> « Le roi n'est plus mais il nous laisse le souvenir vivace des hautes valeurs qu'il incarnait.
> À la profonde tristesse de chaque citoyen se mêle un sentiment d'infinie gratitude pour la manière dont notre souverain trop tôt disparu a rempli son rôle de Roi, comme une réelle vocation, mettant toutes ses qualités de cœur et d'intelligence au service de la Belgique dans le respect des règles démocratiques, et dans la fidélité à la Constitution.
> Il était un homme de devoir avec une intelligence vive des choses de l'État. Il n'a pas cessé d'œuvrer pour la cohésion et l'unité du pays dont il était si bien devenu le symbole. Mais il avait aussi cette intelligence du cœur.
> C'était un homme profondément bon, soucieux de tous ses concitoyens et en particulier des plus faibles et des plus démunis de son peuple.
> Puissent ses qualités et ses messages nous inspirer tous dans la vie quotidienne.
> Le destin a voulu que son dernier discours du 21 juillet devienne aussi son testament politique. Il avait fait appel au civisme fédéral des Belges et avait souligné les défis importants qui attendent notre

pays. Le plus bel hommage que nous puissions rendre au Roi est de faire vivre ce civisme fédéral et de relever tous ensemble les défis qu'il nous a remis en mémoire. Dans cette perspective, nous devons nous regrouper autour de son frère, le prince Albert, qui est appelé à poursuivre son œuvre dans un esprit de continuité[1]. »

Baudouin souhaitait vivement que son neveu, le prince Philippe né en 1960, prenne sa succession et devienne roi de Belgique après son décès. Depuis son enfance, il le chérissait particulièrement et avait apporté tous ses soins à le former, comme nous l'avons évoqué précédemment. Cependant, dans l'ordre de succession au trône, c'est Albert, le père de Philippe, le frère cadet de Baudouin qui a prêté serment le 9 août 1993. Il abdiquera vingt ans plus tard, le 21 juillet 2013, en faveur du prince héritier, son fils Philippe duc de Brabant, choisi par Baudouin.

Ainsi depuis 2013, Philippe et son épouse Mathilde d'Udeken d'Acoz sont roi et reine de Belgique, les septièmes du nom. Le 4 décembre 1999, leur mariage a été célébré par le cardinal Danneels en présence de nombreuses personnalités dont le prince Charles d'Angleterre, le prince Naruhito du Japon, la princesse Rahma bint el Hassan de Jordanie et la reine Sophie d'Espagne. Animés d'une foi vive, Mathilde et Philippe sont bien les fils spirituels de Baudouin et de son épouse.

La fécondité spirituelle de Baudouin et Fabiola est mystérieuse mais comment ne pas évoquer le mariage

1. Stéphane de Lobkowicz, op. cit., p. 352.

de leur cher neveu Laurent, frère cadet de Philippe et qui a souvent bénéficié des conseils du roi et de la reine dans sa jeunesse, avec Claire. Le 12 avril 2003, leur mariage a été célébré par le cardinal Danneels et le père Guy Gilbert, « aumônier des Loubards » en France, dans l'esprit du Renouveau charismatique. Le « look » du célébrant avec ses cheveux longs et ses santiags, son tutoiement de la famille royale, en a étonné plus d'un, mais ses paroles simples et vraies ont touché les cœurs les plus endurcis.

Chapitre 25

« La Reine Blanche »

Ce matin du 7 août 1993, dans son uniforme de lieutenant général des forces terrestres, le roi repose dans la chapelle ardente aménagée dans le grand salon du Palais royal. Au pied du catafalque, une gerbe de roses blanches dont le ruban porte ces simples mots : « À mon cœur. Fabiola ».

Dès six heures trente du matin une foule immense de Belges attend l'ouverture des portes afin de rendre un dernier hommage à leur roi. Certains ont passé la nuit sur le trottoir ; la file d'attente s'étend sur plusieurs kilomètres et durera jusqu'à quatre heures du matin le lendemain. Entouré d'une garde d'honneur, le cercueil du roi est recouvert du drapeau belge.

Au moment où il quitte le Palais, vingt-et-un coups de canons et un vol de six Alpha-Jet et de douze F-16 préludent à la cérémonie. L'escorte royale de 72 chevaux précède le cercueil, placé sur une prolonge d'artillerie.

La cérémonie célébrée par les cardinaux Danneels et Suenens se déroule dans la cathédrale Saints-Michel-et-

Gudule. Une ferveur inimaginable rassemble le peuple belge et les millions de spectateurs de la télévision.

Jamais la Belgique n'a connu une telle unanimité autour de son roi. C'est un moment intense. La plupart des couples royaux et chefs d'États étrangers sont présents. La France est représentée par son président François Mitterrand et son épouse.

Quand Fabiola s'avance dans la longue allée de la cathédrale tenant par la main Joséphine-Charlotte, la sœur aînée de Baudouin, il y a un mouvement d'étonnement dans la foule. Radieuse, la reine a revêtu une élégante robe blanche.

Pour ceux qui la connaissent bien, ce n'est pas une surprise ; les autres ont une certaine peine à comprendre. Pour Fabiola cette robe blanche est le signe fort de son espérance chrétienne, un témoignage donné au monde entier, de leur foi et de leur amour plus fort que la mort.

Cette robe blanche en ce jour est aussi le symbole d'une robe de mariée : en ce jour, leur alliance devant Dieu prend la forme de noces pour l'éternité. Il y a 33 ans, lors de son mariage, elle avait parcouru cette même allée dans la cathédrale de Bruxelles au bras de son époux pour confier à Dieu leur vie de couple. Ce jour-là, tous deux avaient noué avec Dieu une alliance éternelle. Or, pour elle une alliance avec Dieu ne peut pas prendre fin devant un cercueil, devant la mort humaine d'un corps.

Son époux, désormais en présence du Seigneur comme le lui dicte sa foi, perpétue face à Dieu leur prière et leur louange de couple, qu'elle-même prolongera sur terre jusqu'à sa mort. Quand elle rejoindra son époux devant le Seigneur, leur louange de couple sera pour l'éternité.

Baudouin est entré pour toujours dans la joie de l'amour de Dieu, joie qu'en tant qu'épouse elle partage pleinement malgré ses larmes. Sa robe blanche est le témoignage aux yeux du monde entier de cette certitude de la grandeur du mariage chrétien, qui dépasse les limites humaines. Elle est aussi un signe de sa foi et de son espérance.

La messe, dans l'esprit du Renouveau charismatique, n'est pas une triste cérémonie de funérailles. La reine participe aux chants de louange, les bras levés, suivie par la famille royale, Albert et Paola entre autres.

Les chefs d'États présents et les millions de téléspectateurs de l'Eurovision n'en croient pas leurs yeux. Un témoignage de la sérénité d'une foi profonde basée sur les promesses évangéliques, d'un amour plus grand que les limites humaines.

Des photos touchantes font le tour du monde : Fabiola au cours de la messe tient d'un côté la main d'Albert, le frère de son mari, de l'autre celle de Joséphine-Charlotte, Grande Duchesse du Luxembourg, la sœur de son mari.

L'homélie du cardinal Danneels évoque les qualités du roi, en particulier sa faculté d'écoute, et se termine ainsi :

> « Il y a des Rois qui sont plus que des Rois : des bergers de leur peuple. Ils ne font pas que régner, ils aiment jusqu'à donner leur propre vie. Tel fut le roi Baudouin. Il aimait. Son intelligence politique plongeait ses racines profondes dans le cœur, son savoir-faire lui venait de sa force d'aimer. Le secret de son règne, c'était son cœur… Pendant que le Roi servait les hommes, il ne cessait de penser à Dieu.

> Dans chaque visage humain qui se présentait à lui, il discernait le visage du Christ. Nous avons perdu un Roi. Dieu nous a donné à sa place un intercesseur et un protecteur.»

Très ému, le cardinal Suenens prend la parole après la consécration :

> «Un jour viendra où toute la dimension du secret du Roi sera révélée au monde.»

La messe terminée, plusieurs personnes montent les marches de l'autel pour donner leurs témoignages. Seront évoqués entre autres les actions du roi en faveur des immigrés et des plus démunis, des malades du SIDA, d'une jeune Philippine victime de la traite des femmes, de l'intérêt du roi pour les artistes[1]. Le roi est inhumé dans la crypte du palais de Laeken. Après la Brabançonne jouée par la force navale, vingt-et-un coups de canon, selon la coutume, retentissent dans le ciel de Bruxelles.

Les Belges pleurent leur roi. Même ceux qui durant son règne ont critiqué la foi du couple royal, sont impressionnés par les témoignages entendus et par la sérénité de la reine grâce à son espérance chrétienne. Désormais beaucoup l'appellent «la reine blanche».

---

1. Ces renseignements nous ont été fournis par les travaux de Stéphane de Lobkowick.

Chapitre 26

Fabiola après Baudouin

Pour toute épouse, la mort du mari entraîne l'écroulement du monde familier bâti à deux. Rien n'est plus comme avant. Pour une reine, la dimension est autre. Les cent un coups de canon tirés pour annoncer l'avènement du nouveau roi, retentissent cruellement un à un dans son cœur. Elle les écoute dans ce grand Palais royal de Laeken, désormais trop grand et trop vide pour elle. Chaque pièce, chaque meuble, chaque bibelot est porteur de souvenirs heureux évoquant des moments d'intimité avec son époux disparu.

Par affection, elle se rend à la cérémonie d'investiture d'Albert II, sixième souverain de Belgique. Elle s'installe en souriant aux côtés de sa belle-sœur. Toutes deux assises sur des fauteuils se tiennent la main. Les photos de cette entente familiale dans une circonstance aussi solennelle sont diffusées par tous les médias.

À son poignet, Fabiola a accroché le bracelet-montre de Baudouin, celui qui, toutes les heures, émettait un léger tintement pour lui rappeler la présence de Dieu dans sa vie. Ce bracelet ne la quittera plus.

Après la cérémonie d'investiture, le peuple belge, massé devant le Palais depuis l'aurore, attend avec impatience le moment où le nouveau couple royal apparaîtra au balcon. Au milieu des longues acclamations, Albert II, le nouveau roi, se retire silencieusement ; il a la délicatesse d'aller chercher Fabiola qui par discrétion s'est éloignée.

Les applaudissements redoublent quand tous les trois ensemble, groupés sur le balcon, répondent aux ovations. Ce geste fraternel se reproduira à plusieurs reprises et dans diverses circonstances sous le règne d'Albert II.

Cette réconciliation est l'œuvre de Baudouin et de Fabiola qui pendant de longues années ont mis toute leur énergie et leur affection pour réconcilier le couple Albert et Paola, sur le point de divorcer, en les amenant à la foi et en les ramenant à leur famille.

Par délicatesse, le nouveau couple royal continue à résider au palais du Belvédère afin que Fabiola puisse rester dans le cadre familier de Laeken. Ce n'est que quelques années plus tard que, de sa propre initiative, Fabiola se retirera au Stuyvenberg.

La famille du nouveau couple royal, enfants et petits-enfants est précieuse pour elle. De nombreuses photos la montrent chez son beau-frère et sa belle-sœur autour des bougies et des gâteaux d'anniversaire de leurs petits-enfants ou du sapin de Noël.

En janvier 1994, Fabiola se rend toute seule et incognito à Rome. Elle souhaite rencontrer Jean-Paul II pour lui exprimer sa gratitude. Il lui a en effet apporté un inoubliable soutien moral au moment de la mort de Baudouin. Pour cette visite en tête-à-tête, le Vatican lui a envoyé une invitation. Le pape l'attendra très tôt le matin dans sa chapelle privée, avant la messe à laquelle elle pourra se joindre.

Une photo indiscrète témoigne de leur longue prière en silence, tous deux, côte à côte après la messe ; à la demande du pape, ils prient longuement pour l'expansion, au cours du troisième millénaire, de « la nouvelle évangélisation », ce projet si cher de Jean-Paul II.

Fabiola continue à présider chaque année le concours reine Élisabeth. Ce concours prestigieux est le fleuron de la vie musicale belge, toujours retransmis en Eurovision et suivi par des millions de téléspectateurs. C'est une lourde et longue tâche pour Fabiola car elle ne se contente pas d'écouter les musiciens le jour du concours. Pendant les semaines qui le précèdent, elle tient à rencontrer un par un chaque virtuose, à parler avec lui, à connaître sa situation familiale, à le suivre dans son parcours professionnel, à assister à ses répétitions.

Ce concours ouvert aux interprètes internationaux les plus prestigieux a été fondé en 1937 par la grand-mère de Baudouin, la reine Élisabeth, une musicienne réputée et surtout une violoniste de talent. Il se tient chaque année à Bruxelles depuis 1950.

Après le décès de la reine Élisabeth en 1965, c'est Fabiola qui prend la succession de cette présidence et elle la gardera bien après la mort de Baudouin jusqu'en 2013. Elle a raconté dans des interviews qu'elle avait beaucoup hésité avant d'accepter cette responsabilité et que Baudouin l'avait encouragée en lui disant : « Vas-y ! Grand-Maman est d'accord ! »

Depuis 1951, chaque année le concours s'adresse à des finalistes de disciplines musicales différentes : une année, le chant, l'année suivante le violon, puis le piano et enfin le violoncelle pour la quatrième année.

Quand Fabiola prend cette présidence, elle trouve injuste qu'un seul grand prix soit attribué. Chacun de ces jeunes finalistes a tellement travaillé et a atteint un tel niveau d'excellence qu'elle trouve arbitraire d'en couronner un plus que les autres. Elle crée donc six premiers prix et six deuxièmes prix !

En dehors des semaines de préparation du concours, Fabiola pendant des années continuera à travailler dans les nombreuses associations qu'elle a fondées en faveur de l'enfance.

Elle assure la présidence de l'association « Fondation Roi Baudouin », créée avec son mari en 1976 à l'occasion de l'anniversaire des 25 ans de règne du roi. Cette fondation lui est très chère. Ses buts sont multiples : venir au secours des détresses, des pauvretés, mais aussi aider des projets culturels, financer des projets artistiques, lancer de nouveaux artistes, se pencher sur les problèmes de la traite des femmes, des prisons, de la maltraitance sexuelle des enfants, etc.

Pour gérer tant de projets divers, tout un personnel bénévole entoure Fabiola qui se rend à son bureau plusieurs fois par semaine.

Avançant en âge, « la reine blanche » doit ralentir ses activités. Sa grande vieillesse sera douloureuse : une opération de la thyroïde, une pneumonie longue à guérir, des hospitalisations successives, des accusations mensongères contre elle et la famille royale, des critiques violentes, des calomnies l'affaiblissent peu à peu. Le 5 décembre 2014, à l'âge de 86 ans, elle rejoindra son époux pour l'éternité. Désormais tous deux ensemble sont réunis face à Dieu dans la louange.

Épilogue

Le cadeau spirituel du couple royal à tout son peuple

Quelques années avant sa disparition en 1994, lors du premier anniversaire de la mort de son époux, Fabiola avait organisé un service religieux auquel toute la population avait été conviée. Elle avait tenu à ce que ce soit un office inter-religieux. Certains ont été surpris par cette ouverture à toutes les religions. Ils ne comprendront que plus tard ce geste fort et la portée qu'elle a tenu à lui donner. Par cette cérémonie adaptée à toutes les sensibilités, « la reine blanche » a voulu témoigner que Baudouin n'a pas été seulement le roi des catholiques, mais le roi de tous les Belges, catholiques, protestants, musulmans, anglicans, juifs, agnostiques, athées, confondus. Il tenait beaucoup à l'union dans l'universalité de tout un peuple à qui il avait consacré sa vie.

La grande basilique de Koeckelberg est pleine à craquer. Les représentants de toutes les religions, même celui de la laïcité, sont groupés dans le chœur. Tout un parterre de têtes couronnées les entoure.

Fabiola est assise au premier rang à la droite d'Albert et de Paola. Comme l'année précédente, elle est vêtue de blanc. Elle veut encore signifier par là qu'elle n'est pas en deuil : elle partage la joie de son époux déjà dans la joie de Dieu.

À la fin de la cérémonie, alors que cela n'était pas prévu, elle se lève et se dirige toute seule vers le pupitre avec un papier à la main. Tout le monde attend un discours de remerciements. Mais ce n'est pas du tout son objectif. Ce qu'elle veut, c'est transmettre à toute cette foule qui l'entoure, ce qui a été le plus profond et le plus intime de l'itinéraire spirituel et amoureux de leur couple. C'est pour elle un devoir.

Avec beaucoup d'émotion, elle lit une prière qui a été la charte de leur vie. C'est une prière que tous deux ont prononcée ensemble chaque matin à la fin de leur messe quotidienne, une prière qui a été la feuille de route de leurs responsabilités royales, une prière récitée à deux voix avant d'aborder chaque journée de leurs vies, une prière qu'elle continue à dire toute seule chaque matin.

À mesure qu'elle lit, ses yeux se détachent rapidement de la feuille qu'elle tient à la main ; elle connaît le texte par cœur depuis si longtemps… Elle regarde en face l'assistance.

Ce texte à une telle valeur pour elle qu'elle le relira trois fois dans trois langues différentes : français, flamand et allemand. Toute l'assemblée comprend que cette prière est le testament spirituel de leur couple. C'est le grand moment émouvant de sa transmission : la paix, l'amour, le pardon, l'union, la foi, l'espérance, la joie sont les cadeaux des chrétiens à tous ceux que la vie leur donne l'occasion de rencontrer.

Rien n'est inventé.

Sur les pas de François d'Assise, des situations humaines douloureuses sont évoquées.

Le message d'amour de Jésus, ce message d'amour qui, à travers les siècles, se transmet par les mains et les cœurs de chacun de nous, se traduit en exhortations à la portée de chacun :

> « Seigneur, fais de moi un artisan de paix.
> Là où se trouve la haine, que je mette l'amour.
> Là où se trouve l'offense, que je mette le pardon.
> Là où se trouve la discorde, que je mette l'union.
> Là où se trouve l'erreur, que je mette la vérité.
> Là où se trouve le doute, que je mette la foi.
> Là où se trouve le désespoir, que je mette l'espérance.
> Là où se trouvent les ténèbres, que je mette la lumière.
> Là où se trouve la tristesse, que j'apporte la joie.
> Ô Seigneur, fais que je ne cherche pas tant à être consolé qu'à consoler ;
> À être aimé qu'à aimer.
> Car c'est en donnant que l'on reçoit ;
> C'est en s'oubliant que l'on se trouve ;
> C'est en pardonnant que l'on est pardonné ;
> C'est en mourant que l'on ressuscite à l'éternelle vie[1]. »

1. Prière d'auteur inconnu et attribuée à saint François d'Assise.

Dans le silence général, Fabiola va se rasseoir.

Elle aura, en quelques mots, transmis jusqu'au bout le trésor intime de leurs fonctions royales et de leur amour.

Elle aura tracé un itinéraire pour les jeunes générations, pour tous ces jeunes qui sont là, qui l'écoutent et qu'elle appelle toujours « ses enfants », « ses millions d'enfants ».

> « Le Seigneur a fait pour eux des merveilles.
> *Magnificat.* »

Ouvrages consultés

DEBELS (Thierry), *Baudouin Biographie, La vraie vie du cinquième roi des Belges,* Éditions Jourdan, 2010.

LOBKOWICZ (Stéphane de), *Baudouin,* Biographie, J.M. Collet, 1994.

PAHLAVI (Farah), *Mémoires*, Édition XO, 2003.

MONTFORT (Valérie de), *Les plus belles anecdotes historiques sur la famille royale*, Éditions de l'Arbre, 2007.

MORA (Fabiola), *Les Douze contes merveilleux de la reine Fabiola*, Desclée de Brouwer, 1961.

RAYMOND (Don), *Le règne de l'Amour,* Éditions saint Jean Évangéliste, 2002.

ROEGIERS (Patrick), *La spectaculaire histoire des rois des Belges,* Perrin, 2007.

SÉGUY (Philippe) et MICHELLAND (Antoine), *Fabiola, La Reine Blanche,* Perrin, 2013.

SPARRE (Anna), *Astrid, mon amie*, Éditions Luc Pirre, 1995.

SUENENS (L.J. Cardinal), *Le Roi Baudouin, Une vie qui nous parle*, Éditions Fiat, 1995.

SUENENS (L.J. Cardinal), *Les Imprévus de Dieu,* Éditions Fayard, 1993.

SUENENS (L. J. Cardinal), *Souvenirs et Espérances,* Éditions Fayard,1991.

Urbiola (Fermin J.), *Fabiola reine depuis toujours, Une Espagnole à la cour des Belges*, Préface de Stéphane Bern, Éditions Mois, 2012.

Verhaegen (Philippe), *Une vie au souffle de l'Esprit,* Éditions Racine, Fidélité, 1995.

Remerciements

Je remercie tout particulièrement mon gendre, Thierry Berlon, pour ses encouragements et le soin qu'il a pris à relire mon texte et me faire part de ses remarques.

Je remercie également mes amis : A. Claude Lomp, Michel et Chantal de Chatillon, Françoise Gourgues, Dominique et Anne Loiseau, Florence Bück pour leur relecture et leurs observations.

Table

Achevé d'imprimer par
ISI Print,
15 rue Francis de Pressensé,
93210 La Plaine Saint-Denis
en novembre 2018
N° d'imprimeur : 140724

Dépôt légal : octobre 2018

Imprimé en France